# 倾听读者

## ——儿童视角下的"读者意识"习作教学研究

林穗莉 著

吉林人民出版社

**图书在版编目（CIP）数据**

倾听读者：儿童视角下的"读者意识"习作教学研究/林穗莉著. — 长春：吉林人民出版社，2023.9

ISBN 978-7-206-20593-4

Ⅰ. ①倾… Ⅱ. ①林… Ⅲ. ①作文课－教学研究－小学 Ⅳ. ①G623.242

中国国家版本馆CIP数据核字（2023）第204036号

# 倾听读者——儿童视角下的"读者意识"习作教学研究
QINGTING DUZHE——ERTONG SHIJIAO XIA DE DUZHE YISHI XIZUO JIAOXUE YANJIU

著　者：林穗莉　　　　　　封面设计：李　娜

责任编辑：刘子莹

吉林人民出版社出版发行（长春市人民大街7548号　　邮政编码：130022）

印　刷：北京政采印刷服务有限公司

开　本：787mm×1092mm　　1/16

印　张：11.75　　　　　　字　数：144千字

标准书号：ISBN 978-7-206-20593-4

版　次：2023年9月第1版　　印　次：2023年9月第1次印刷

定　价：58.00元

# 目录

## 第一章　儿童视角下的读者意识

## 第二章　搭建读者意识下的习作支架

# 第三章　读者驱动下的习作训练

# 第四章　以生为本的阅读教学

# 第五章　读者意识下的教学设计

第一章

儿童视角下的读者意识

"儿童视角下小学习作教学读者意识培育"是基于美国克拉森"为读者而写作"的思想，以及俄国巴赫金的"对语论"等理论，透过儿童的视角，探寻读者意识在习作教学中的重要作用，进而提升小学生的习作水平和能力，重点解决学生不知写什么和如何写的教学难点。

# 第一节　问题的提出

2008—2022年，我们进行了"读者意识"研究，历经十四年，顺利完成了广东省教育科学规划课题"'对语论'下的小学习作教学研究"和广州市教育科学规划课题"儿童视角下小学习作教学读者意识培育"。该研究设计了《小学生作文现状调查问卷》，对广州市和梅州市两所小学3—6年级共612名小学生进行了问卷调查，并进行了随机访谈，倾听来自学生们的心声，考察小学习作教学中培养学生"读者意识"的现状。

结果发现，学生认为"写作难"的主要原因是"基本功不好"，占被调查人数的52.12%，认为"不知写什么"的占46.89%；在"写作目的"方面，学生希望通过写作来提高自身写作能力的分别占39.19%、40.61%，而提高写作能力是为了得到教师的赞许、考取高分的又分别占33.78%、25.38%；而对写作有兴趣的占14.5%。

经过深入分析，我们发现，造成学生不知写什么、写不好的原因主要有以下几个方面：

一是缺乏写作的内在要求，不知道写作的交际作用。当教师、家长以成人的视角、思维、情感去审视学生的文章时，学生为了迎合成人，而掩盖自己的真实思想，文章中就会出现大话、套话、空话。

二是缺乏一些适合儿童视角的写作技巧，目前的习作教学更多的是以一名优秀写作者或是成年人写作的角度去分析学生存在的种种外显问题，进而提出写作技巧或策略。例如，有学者提出"我手写我心"，有学者提出"做文如做人"，还有学者提出"真情作文"等。或许这些方法或口号在一定程度上影响了习作教学，但无法从根本上解决学生写作中写什么和如何写等难题。

三是目前的习作形式化，更多的是通过日记或者周记来强加给学生，以此达到提高学生习作水平的目标，没有真正地从儿童的角度出发。同时，由于单一形式的习作训练难以让学生树立起读者意识，没有意识到读者的存在也属于习作的一部分，这就导致学生所掌握的写作技巧过少。

于是，课题组旗帜鲜明地提出唤醒读者意识，提升学生习作能力的新思路。在前一项课题研究"'对语论'下的小学习作教学研究"中，我们通过读者策略，有效解决了学生无话可写的现状，但如何透过"读者意识"触及写作的根本，解决如何写、如何写好这一写作的核心问题需要更加深入地进行研究。于是我们从儿童的视角进一步研究"儿童视角下小学习作教学读者意识培育"，主要观点如下：

第一，儿童写作的本质是交流——通过写作实现与他人交流、与自我心灵交流。每一次具体写作都是要把作者的思想情感、观点态度、理解感受等告诉读者，希望从读者的阅读反馈中获得认同。

第二，在儿童视角下开展习作教学，"用儿童的眼光看世界""用儿童的眼光看作文"，才能看到儿童眼中的世界，才能走进儿童心中的世界，帮助儿童获得写作表达的快乐。

第三，在写作过程中，从构思、动笔、修改直至发表，学生自觉地把读者因素考虑进去，了解读者、研究读者，尽可能让自己的写作成果在最大限度上影响读者，并且站在读者的立场上，对自己提出严格要求，自觉加强写作技能的训练，遵循写作的基本规律，在写作中考虑读者的阅读心理和阅读习惯，精心锤炼语言，恰当选择句式，充分调动各种表现手法，以加强表达效果，提高文章的质量和可读性，从而更好地实现自己的写作目的。

# 第二节　国内外研究现状

## 一、国内研究现状

近十几年来，我国作文教学的实践探索和理论研究都非常活跃。

### （一）特色鲜明的作文教学流派

在作文教学的实践探索中，为了解决学生作文的模式化问题，有学者进行"新概念作文"的尝试；为了解决学生害怕作文的问题，有学者进行"快乐作文""情趣作文""作文革命"的探索；为了解决作文教学中的随意性和盲目性，张田若、李昌斌等进行了作文序列训练；为了解决作文中的"假大空"问题，还有学者进行了"绿色作文""生命作文""求真作文""生活化作文""体验作文""研究性作文""活动作文"实验。其中影响比较大的有丁有宽的读写结合作文、李吉林的情境作文、李白坚的快乐作文和管建刚的作文革命。

虽然以上小学作文教学流派研究的角度不同、风格各异，但在作文教学的思想上与方法上有以下共性：

（1）强调作文教学要根据学生的认知规律，对作文训练的安排必须科学有序。

（2）强调作文要紧密结合生活的实际需要，生活是写作的源泉。

（3）强调作文与育人有机结合。

（4）强调作文教学要以学生的兴趣为出发点。

但从效果上看，这类作文的研究探索并没有触及写作教学的本质与核心，具有一定局限性。

**（二）习作教学研究的角度**

目前习作教学的研究集中于教师与学生这两个范围，更多的是结合教学例子来加以阐述。在习作教学的研究里，思维培养、评价方式、注重兴趣和贴近生活是反复出现和被提到的。对于从儿童视角出发来研究习作，更多的是侧重培养儿童的兴趣，强调从儿童的习作水平出发，激励他们进行写作。

而从读者角度出发来研究习作则希望通过创设多种机会，让学生能多方面展示自己的习作，从而培养自己的读者意识。余永祥（1988）从读者层次、读者需要、读者心理三个方面对读者意识进行了剖析。祁寿华（2000）在《西方写作理论、教学与实践》一书中提到读者意识。不少学者也逐渐将其引入写作研究中来。李亚民（2008）借助语用学中的合作原则分析了写作中作者具有读者意识的必要性，指出读者意识的实质是作者必须与读者合作，这样才能写作成功。许恒（2007）则通过实证研究证明了读者意识和读者策略与提高英语写作水平密切相关。

**（三）习作教学的理论研究**

在习作教学的理论研究方面，大多与实践操作紧密联系。

1994年，吴立岗先生提出"以儿童语言交际功能为主线构建小学作文训练序列"的主张。董蓓菲也特别强调，"作文教学的交际性，要求老师置作文训练于交际活动之中"。

朱作仁、祝新华在《小学语文教学心理学导论》中认为：作文是内部言语向外部言语转化的过程，它必须从压缩而简约的、自己能明白的言语向展开的、具有规范语法结构的、能为他人所理解的形式转化。

何克抗、李克东、谢幼如、王本中等在其研究成果《小学生作文心理模型及作文教学模式研究》中就当今作文教学中出现重"知"轻"能"、重"外"轻"内"、重"写"轻"说"、重"理"轻"情"、重"文"轻"境"等问题，提出关注学生作文过程中的心理特点和认知规律。

刘淼在《作文心理学》中就作文教学与作文心理、作文心理过程、作文策略、作文指导与作文评价四部分内容进行了深入研究，重在揭示学生作文过程的内部心理机制与作文教学之间的关系，从教与学两个方面探讨作文规律。

陈树民在《研究作文教学心理，深化作文改革》中指出：现在的作文教学的研究，对学生写好作文应该具备的心理素质和学生作文过程中的心理过程研究得比较少，存在着一个如何深化的问题。

"按言语交际需要改革作文教学"的主张已经开始被越来越多的学者所理解并接受。新颁布的《义务教育语文课程标准（2022年版）》明确提出，"写作是运用语言文字进行表达和交流的重要方式，是认识世界、认识自我，进行创造性表述的过程"。张志公先生认为，学生要打破"做文章"的观念，自然地写出自己的所见、所闻、所思、所感，而不是挖空心思地硬"做"。王尚文和李海林教授等认为，写作不是单纯地组织语言。语言活动中有说者和听者两个具有诉诸性和应答性的主体，说者与听者或读者进行思想上的交流，以往的习作教学存在的最大问题就在于淡化和忽视了听者的重要性。周燕更直接地认为，解决学生写作的读者问题，很可能是当今作文教学走出困境的一个突破口。

**（四）读者意识的逐步重视**

读者意识越来越受到重视，不少关于读者意识的研究逐步出现。

其实在古代，一些古文已经体现了读者意识，如《滕王阁序》《陈情表》《烛之武退秦师》等。而东汉学者王充则早已提出：口则务在明言，笔则务在露文。这句话的意思是：说的话一定要明白，写的文章一定要浅显易懂，让读者能够读懂、通晓文章之意。这体现的也是习作中需要考虑到接受对象。

而在近现代语文教育史上，更是有一批语文教育家对读者意识进行了研究和探索，如夏丏尊、梁启超和朱自清等。其中，夏丏尊明确提出：千言万语，都不外乎以读者为对象，务使读者不觉苦痛厌倦而得趣味快乐。所谓要有秩序、要明畅、要有力，等等，无非都是想适应读者的心情。因为离开读者，就不必有文章了。我们从夏丏尊的这段话中可以看出，关注读者是写作开始前的第一要义和重中之重。

最近，国内越来越关注读者意识，但范围局限在小学高年级、初中和高中这些心智较为成熟的学生身上。如付瑶的《读者意识视域下小学高段写作共同体建构研究》米琪的《中学语文写作教学中读者意识的培养》邓西谋的《高中生写作应强化读者意识》，以及黄丽春的《新高考背景下谈高中议论文写作——培养学生"读者意识"，发现议论文逻辑的力量》等。对于中年段的学生，由于他们的认知能力有限，加上正处于习作开始的初步阶段，研究者们更多的是把研究目光放在高年段的学生身上，无视了中年段学生读者意识的培养。

## 二、国外研究现状

综观近年来各国中小学写作教学研究与改革，不约而同地出现了一种新趋势：在特别强调突出写作交际价值的基础上，更加突出强调了写作交际过程中作者与读者、说者与听者两个交际主体的影响和互动，出现了"重视读者"和"发现听者"的新写作教学思想。

### （一）各国教学大纲

在美国"6+1特质"写作评价标准中从文章的想法、组织、语气、选词、句子流畅性、惯例等方面提出了具体要求，把处理好读者与作者的关系作为写作训练的基本内容之一。在解决为什么写这个问题上，美国语文教育界一直把读者意识和交际功能结合在一起来处理。他们提出了以下几个目标：①根据不同的听众、目的和场合而采用不同的表达方式；②向别人呼吁并且能说服别人；③使用有效和适当的修辞手段；④遵循写作过程中所需要的规范和惯例；⑤使用技术工具来协助写作和沟通。这些目标都体现了写作教学应该注重培养学生在各种情境下运用语言解决问题、实现目标、影响他人、展示自我等能力。

近年来，英国也强调"为不同读者而写作"。在英国教育和科学部颁发的《英语5～16岁》文件中，总目标部分就对学生写作提出"针对写作目的和预期读者采用合适的文章体式"的要求；在第二阶段写作五级水平达标标准中也写明"为多种目的和读者，写各种类型的文章，并激发读者的兴趣"。

尽管日本不用"读者意识"的说法，而是提出对象意识，但其含义是相同的。对对象意识培养的重视是日本写作教学的一大特色。其在《学习指导纲要》中明确指出：要培养学生掌握一定的场合，恰当地进行表达的能力。它强调了写作教学应该以实际交际为导向，让学生在写作中体会到自己与他人之间存在着互动和影响，并根据不同对象和情境选择合适的语言形式和内容。对此，他们在不同年段设置了不同目标，具体如下：

第一，（低年级）一边考虑对象和目的，一边写。

第二，（中年级）对应不同的对象和目的，能够注意段和段之间的相互关系，把调查的事清楚明白地写出来，对应不同的对象与目的，恰如其分地表达。

第三，（高年级）对应一定的目的和意图，把思考的事有条理地写成文章，养成考虑自己表达效果进行表达的习惯，把自己的思考有效地进行书面表达。

另外，他们还把"培养对象意识"作为作文教学的一个重要方法，认为语言表达的目的可以分为五项：报告、说服、感动、导致行动、娱乐读者，因此写作必须有对象意识，即使没有别人看，也要给自己看。

**（二）对"读者意识"的教学主张**

在国外，"读者意识"一直被重视与实施，而且学生综合能力优势已经得到国际的认同。美国学者斯蒂芬·德·克拉申（Stephen D. Krasken）提出，学生在写作时要有"为读者而写作"的感觉。巴赫金提出"对语论"，他认为对话是语言的本质，写作过程不是作者单向地组织语言，而是与读者进行思想上的交流，同时读者与作者交互影响；Cohen & Riel（1989）从读者意识的作用研究角度出发，发现以同伴为读者类型的写作文本和以教师为读者类型的文本，学生更擅长于前者的写作，该研究从侧面反映了不同写作环境下读者意识的作用不同。部分学者从影响读者意识的因素方面进行研究，他们认为写作者自身、教师引导、同伴反馈、家庭教育、学校环境及社会文化等均会影响读者意识，体现了读者意识动态发展的特点。Johns（1993）探究了真实读者对议论文写作的影响。近年来，国外学者Schfiver（1992）、Chen & Brown（2012）将目光转向了如何有效增强写作者的读者意识，他们分别探究了使用阅读器协议、运用计算机网络的学习方法和任务型教学法相结合来提高写作者的读者意识。Hyland从写作者身份的角度指出了读者与写作者的互动关系。

### （三）从不同角度揭示读者意识的重要性时存在的问题

（1）虽然读者意识的研究已涉及读者意识的作用，但大多数研究针对的是以英语为母语的学习者，对于以汉语为母语的学习者的研究较少，因此不能将读者意识的作用直接迁移。加之到目前为止，大多数研究集中在议论文、说明文探究读者意识的作用，对于其他类型的文本涉及较少，特别是小学阶段重点学习的记叙文，因此难以对读者意识形成系统的理解。

（2）对于小学习作教学，特别是读者意识下的小学习作教学，很少从儿童的角度进行研究，使儿童的习作失去了本真，学生在习作中并不容易体会到应有的写作技能和方法。

（3）在研究方向上，目前大多数学者的研究集中在如何激发、评价以及在高考中的应用方面，对于运用读者意识研究写作内在规律的甚少，因此学生在习作时难以形成自主表达。

（4）目前对读者意识的研究采用的具体方法更多的是论述举例，而实证研究所占的比例较小，导致研究的说服性、科学性十分有限，使得读者意识的推广举步维艰。

总而言之，读者意识在习作教学中的重要性与必要性已经得到了较为充分的印证，并且有了初步的研究成果。但也存在研究方法单一、研究不够深入、视角单一化等问题，需要不断深入地进行研究，透过儿童的视角，探寻读者意识在习作教学中的重要作用。

## 三、核心概念界定

读者意识是指写作者为实现写作的交际目标而在写作过程中设定读者对象并设法与读者建立和维持畅通交际关系的意识。英文译为audience awareness。我们在小学习作教学中运用读者意识就是引导学生在习作中，从构思、动笔、修改直至发表自觉地把读者因素纳入自己的思维活动之中，如对象定位、读者的阅读需要、阅读期待、接受水平、接受心理和审美兴趣等。

　　所谓儿童视角，就是教师在课堂中揣摩学生这个年龄段（小学为6～12岁）的儿童心理，站在儿童的角度，清楚儿童语文学习的真正需求，能用儿童喜闻乐见的方式，凭借儿童热爱的语言文字，帮助儿童获得自身成长所必需的语文素养。

# 第三节 读者意识下的写作教学策略

## 一、基于阅读教学，培养读者意识

语文素养涵盖阅读写作能力，阅读与写作密切衔接。在阅读过程中注意培养读者意识，让学生读懂作者意图，这对提高习作能力尤为重要。

### （一）在阅读教学中渗透读者意识

王荣生教授认为，阅读理解的过程是通过书面语言的感知获得意义的思维加工过程。文本只有通过读者的解读才能得以建构，它的生成、存在离不开读者的解读创造。

例如，黄雪梅老师在教学《观潮》这篇课文时，创设了这样的问题情境启发学生：文章开头就写道："钱塘江大潮，自古以来被称为天下奇观。"想一想，作者为什么要在开头这么写？有的学生分析说："这是一个总起句，是为了概括文章后面的内容。"这实际上是学生站在老师的角度、应试的角度进行的分析。黄老师接着启发学生："想一想，如果你是一名游客，正想去找好看的风景，读到这一句时，你会产生什么样的想法？"此时有的学生回答："我会想到为什么作者敢于说这是天下奇观，这天下奇观到底是什么样的。"循着学生的想法，教师因势利导："那你在给别人推荐风景时，是不是也可以用这样的方法？"通过这种方式，学生初步接触了写作中的读者意识。

又如，包崇保老师执教五上《太阳》时，通过设计这篇文章主要写了什么、这篇文章是为谁写的、作者写这篇文章是想告诉读者什么这三个环环相扣的问题，让学生感受和预想读者在文章中的参与，继而在习作过程中形成探寻读者需求的习惯。

**（二）通过读和听，感受读者意识**

鲁迅曾说过："作者写作是文本的起点，读者阅读才是文本的终点。阅读教学应该是学生、教师、文本之间对话的过程。"

何玉芳老师采用从朗读者到倾听者再到写作者的方法，开展名著交流大会，引导学生选择自己感兴趣的精彩片段读给大家听，在朗读过程中要确定倾听对象"我想读给谁听"。比如，"我想读给妈妈听""我想读给老师听""我想读给同学听"等，根据自己的理解和文章内容来确定想读给谁听。这初步反映了他们对文章理解的深度，同时让下面的同学进入倾听者角色。通过读和听的过程去感受作者意识，理解作者的表达意图，站在读者的角度写文章。

何老师围绕单元主题开展"阅读交流会"，让学生分享同类文章中你喜欢的或印象深刻的人物，说说他的故事，体会他的品质，感受作者的创作意图。换位思考：假如你是作者，在同样的情况下，你会创作什么样的情节、塑造什么样的人物特点。通过与作家对话，由读者变成作者，身临其境地感受作者的所思所想，体会其表达意图。

**（三）在文言文中渗透读者意识**

文言文是古人留给我们的文化瑰宝，它承载了中华民族数千年的智慧。作为汉语言的典范和精华，文言文的学习对学生语文素养的培养有着不可估量的作用。从2017年9月开始，全国中小学语文教材统一采用全新的部编版（由教育部直接编写）。此次部编版教材，小学阶段文言文篇数占到小学六年全部课文的30%。文言文的学习呈现比例大幅提升、低龄化的趋势。不少经典文言文中蕴含着明显的读者意识。黄宇洋、王樱璇老师通过解读文本，引导学生揣摩作者针对读者情况而制订写作内容以及技巧，培养学生的读者意识。

例如，《滕王阁序》中预设的读者是举办宴会的主人，因为江西的阎都督新修了滕王阁，大摆宴席想夸耀自己。所以作者王勃在《滕王阁序》中的第一段盛赞当地的人杰地灵以及主人的地位尊贵，最后才谦虚地提到自己。《陈情表》则是李密为了婉拒晋武帝的征召而写的一篇呈给皇帝看的文章，文中为了打动读者晋武帝，李密言极自己父死母嫁、身体柔弱、人丁衰微和祖母病重四大不幸，希望晋武帝能站在自己的立场为自己着想，允许自己尽孝等。

由此可见，早在古文中，读者意识就已经存在了，我们可以借古文向学生们渗透读者意识。

## 二、读者意识下的写作教学策略

在巴赫金"对语论"的指导下，我们因地制宜形成了读者意识下的习作策略，具体如下：

读者意识下的习作策略

### （一）转化题目，唤醒读者意识策略

传统的习作题目多是单向交流式——只有说者。因此在学生习作前，教师要有意识地把习作题目转化成读者意识素材的题目，以便于交流。

例如习作：向身边的人推荐一本书，以往学生的写作都是选择一本自己熟悉的书去推荐给别人。而黄雪梅老师把习作题目设计为一次书籍现场推销会，活动前，学生根据不同的购书群体（低年级、中年级、高年级的同学），准备好不同的书籍，把学校的大堂当作图书推销会的现场，分小组负责各个书摊，向不同的购书者推销不同的书籍。面对不同的购书者，推荐人要用不同的推销方法、不同的语言组织进行推销。另外，他们也可以轮流去做购书者，体验不同购书者的不同心理，同时从读者的视野出发，讨论如何进行推销才能让更多读者前来购买。在这样创设的真实情境里，学生感到十分有趣，参与的积极性很高。

最后，在习作中，黄老师发现面向低年级的学生应挑选一些绘本或标注拼音的书籍，并且结合低年级学生感兴趣的方面去推荐，比如绘本的故事很吸引人、配图很精美等。而高年级则侧重推荐名著或科普性强的书籍。通过这种真实的情境创设，学生在角色转换中有了更多的写作灵感和创作热情，这样不仅让学生时刻不忘站在读者的角度进行写作思考，还培养了学生之间的合作互助意识。

由此可见，把教材中的习作题目转换成读者素材的题目，学生在真实的交际情境里便于交流，从而培养学生的读者意识。

**（二）确定读者，激活读者意识策略**

"确定读者"就是确定这篇文章是说给谁听、写给谁看的。作者要虚拟一个倾诉对象，也就是读者。写作者只需面对理想中的读者把想说的内容说清楚就可以了。至于"读者"，既可能是一个人，也可能是一群人；既可能是清晰的、明确的，也可能是模糊的、不具体的。

五年级上册第八单元的习作主题为"推荐一本书"。包崇保老师先出示以下片段：

推荐一本书：

今天，我推荐的书是《三国演义》。这本书中有鲜明的人物形象，如刘备、张飞、诸葛亮、关羽、赵云、曹操等，各个独具特色的英雄人物都是我喜爱的，所以推荐给大家。

上面这段推荐内容缺乏读者意识的思想，在写作时没有考虑隐藏的文本创造者——读者的需求，只是单纯地列举书中人物。而这"鲜明的人物形象"是怎样的呢？读者感受不到，不能引起读者共鸣。在强烈对比之下，包老师让学生先明确推荐对象及其需求，即在头脑中预设潜在的读者。这样，学生在下笔时就不会方向不明、犹豫不决了。

一般来说，读者的确定要考虑读者的文化程度、兴趣、需求等。写作者对读者的了解、认识和评价会深刻影响言语建构本身。

例如，部编版五年级上册第八单元的习作"推荐一本书"，课题组成员李玉娇老师在教学指导时，让学生考虑读者对象进行写作。学生在进行推荐时，会根据不同的读者群选择不同的书。在给小学低年级的学生推荐书时，会选择浅显易懂的绘本或短篇故事书；在给小学高年级的学生推荐书时，会选择推荐篇幅较长、有一定文学内涵的书，比如探险类的《汤姆索亚历险记》、童话类的《竹林公主》《快乐王子》；如果给父母推荐书，可以是《如何跟孩子有效沟通》《好妈妈胜过好老师》《陪孩子长大》；如果给爷爷奶奶推荐书，可以是《如何过好晚年》《不生病的秘密》《激情岁月》《人生》等。可见在写文章之前，一旦有了明确的读者，全面了解和掌握读者信息，就会对文章所表达的内容做到心中有数。

但经过一段时间的训练后，黄宇洋老师发现：如果老师给学生指定一位明确的读者，让学生围绕这一读者进行创作，这种指定读者的方法容易禁锢学生们的想象力，不利于真正激发学生创作的积极性，因为不同的作者是不同的个体，他们在思考时的角度各不相同，他们心中构筑的读者形象也各不相同。虽然指定读者会在一定程度上让学生有话可说、有字可写，但长此以往，学生写出来的文章千篇一律，创作热情会慢慢降低，同时在习作上也会依赖老师。因此，黄老师认为读者对象不应固定，而是应发散开来，他让学生通过表格的形式丰富读者对象，从而在一定程度上激发他们创作的主动性。

在教学五年级上册《二十年后的家乡》这一习作时，黄老师先让学生假设读者，尽量让学生想得广一些；再依据对象填写习作内容，因为面对不同的读者，叙述的口吻就会不同，不同的读者也会有所对应的期待值，所以学生在写作时就会自然而然地依据对象的不同而写出不一样的文章；接下来让学生依据填写的内容写明原因，学生填好了读者对象以及对应的习作内容后，其实心中已经对如何落笔、如何行文有了一个大致的轮廓，通过填写原因可以进一步锻炼学生阐述自己观点的语言能力。以下是学生依据对象填写习作的内容和原因：

**习作的内容和原因**

| 假设的读者 | 习作内容 | 习作原因 |
|---|---|---|
| 同学 | 校园变化、上学交通工具的变化 | 校园是我们一起成长的地方 |
| 父母 | 家里房屋的变化、工作的变化 | 父母每天在家里和工作时的时间最长 |
| 二十年后可能会去世的亲人 | 家乡自然环境的变化、生活的变化 | 未来的科技生活可能是他们以后见不到的 |
| 科学家 | 利用科技使出行变得快捷方便、生活变得多姿多彩 | 科学家们更关注未来的发明创造 |
| 市长 | 环境治理、衣食住行的变化 | 市长更关心老百姓的生活 |
| …… | | |

放开读者对象的限制，让学生依据自己的知识经验、兴趣爱好，选择自己想写的读者对象，这样写出来的文章才不会千篇一律。教师在习作中的作用更多的是引导学生写出来的文章符合题意，同时确保学生的习

作框架是有逻辑的，至于写作时对应的读者，以及针对读者所确立的习作内容则交给学生自由发挥，让中高年段的学生不仅做到不惧怕习作、有话可说、能下笔写作，而且能逐渐爱上这种多元化的习作创作。

（三）预见读者，强化读者意识策略

当确定了写作对象——读者后，我们就要根据其选择表述重点和表述方式。朱力娴老师在课堂实践中发现，读者意识贯穿在写作行文的始末。

从题目开始就要激发读者的好奇心。好的题目是钩，让读者愿者上钩。如果在题目中直白地泄露你的写作意图，读者就没有读的兴趣和愿望了，要想办法让读者保持好奇心，文章的开头和结尾就要别具一格。正所谓题好一半文，一开头就要制造悬念，让读者欲罢不能。

而好的结尾不仅是结束，也是新的开始。例如，朱自清散文《背影》的结尾：我不知何时再能与他相见！这既是结束，也再次激起读者的好奇心。因为读者也想知道，我如何才能与父亲相见。在满足读者好奇心的同时，又能再次激起读者的好奇心，使读者遐想万端、咀嚼再三、回味无穷。

一般来说，小学作文无非是写人、记事、写景、状物，如果学生建立了读者意识，就会写人注重细节记事制造波澜，写景调动五官，状物描摹特征。写人离不开描写，包括外貌描写、语言描写、动作描写等。在描写人物外貌时，如果学生有读者意识，自然会突出人物的外貌特征，从而给读者留下深刻印象。还有许多学生在写人时，往往一开头就描绘人物外貌。但孤立地写人的外貌，读者是不会留下深刻印象的，甚至会觉得莫名其妙。应该在事件中描写人物外貌，比如写我的父亲，在父亲对我们操劳时，出现父亲的外貌，看见他满头的白发、佝偻的身躯，此刻好像电影特写镜头，各个细节都纤毫毕现。

### （四）反馈听效，形成读者意识策略

《义务教育语文课程标准（2022年版）》中强调：鼓励学生"愿意与他人分享，增强表达的自信心"。当学生写完文章以后，把它读给读者听，看对方是否清晰地了解了你所说的内容。也就是要求文章把事情说清楚，把理说明白，把话说准确，把文写通顺。通过交流，学生能从中获得改进习作的动力和方法，从而形成读者意识，提升表达素养。

课题组梁狮华老师采用评价前置，纵深读者意识的方法，在习作构思阶段渗透读者意识之余，进行第一轮交流。引导学生转换为读者角色，聚焦本次习作的表达要素，展开思考：读者最感兴趣的内容是什么？是否能让读者清楚实验的过程？是否能让读者感受到游戏的快乐？怎样表达更能让读者感受到这里的美……习作的评改标准除了常态化的错别字、语句不通顺等，更应主题突出，以简洁的儿童化语言表述为佳。在反馈环节，学生成为文章的"第一读者"，根据评改标准完成初步修改。

第二轮互评互改的交流，学生则需设定自己为读者身份，以此来提出修改建议，充分发挥交际语境下的"读者反馈"功能。由于年龄相近、经历相似、语言表达和认知水平相当，加上相互间的认可与信赖，平等的交流更容易在学生之间发生，彼此间更容易互相理解与接受，也更愿意从同伴的优秀习作中汲取营养。交流可以由浅入深，从"你最欣赏哪些地方"开始，引导学生以欣赏的眼光进行交流。再根据评改标准，提出"有什么不明白的地方，读后想问一问"，或是其他修改建议。通过交流，学生不仅获得了习作的帮助，而且得到分析、表达等能力的锻炼。

在自我评改、互评互改后，梁老师举办了"主题习作展"，并开展了个性化评选活动。根据习作要求，同时结合前两轮的交流成果，开展"最心动的美景""最奇妙的想象""最鲜明的人物"等主题评选。

班级中每位学生都有属于自己的选票若干，学生可利用课余时间选出心目中的"最佳"，并简单列举推荐理由。同时对推荐理由进行评选，选出"最佳读者"若干。最后为得票较高的习作者颁奖，并将其习作作为"佳作"展示于班级中，引导学生以欣赏的眼光交流习作成果，这样更利于学生主动内化习作技巧，享受交流的快乐，激发习作的兴趣。

在这样的自评、互评交流过程中，学生成为评价自己文章的主人，更成为其他学生作文的"重要读者"。对于作者而言，促使其倾听不同建议的同时，也能帮助其从学生的评价中获得有益启发，积极修改，不断提升习作能力；而对于读者而言，既可以在广泛的同主题阅读中拓宽思路，积累丰富的语言表达，又可以在习作评点中提高自身语言鉴赏及表达能力。

## 三、学生写作行为背后的心理状态

当运用读者意识进行习作后，我们从读者的角度分析学生的写作行为、写作语言，能够更深入写作者的内心，看到更多隐藏在文章背后的思想感情。

### （一）真情表达心理

"真者，精诚之至也。不精不诚，不能动人。"人如此，文章亦是如此。心中有了明确的读者，就有了与之真诚交流的语言环境，情动而意发，这才是习作的本质。

### （二）自我反思心理

在习作中，每一个学生都具有独特性。他们会对行文中的遣词造句、句与句间的逻辑、文章所透露的思想做自我修正，特别是一些不健康的言语和思想。在构思中会仔细琢磨、反复推敲，在自然的语言中进行自我教育。对于读者而言，文章就像一面镜子，在无言之中也接受了教育。

### （三）倾诉发泄心理

当学生面对真实的读者时，写文章就像与读者对话一样。胸中的积蓄和感情有了倾诉的对象，就会产生"如鲠在喉，不吐不快"的写作欲望和激情。这样写出来的文章无疑是最能打动人的。

### （四）虚假表达心理

运用读者意识进行习作，每个写作者在落笔的起始，都有自己的心理预期和对读者的心理期待。由于人的生活环境、教育环境以及人生目标的差别，这种心理预期、心理期待既有层次的不同，也有内容的差异。有些学生写作时，为了迎合成人的社会价值观，掩盖了自己真正的思想，压制了自己的好恶，说一些大话、套话、空话。而一旦他的这种心理预期得到了肯定，就会成为一种思维定式，认为父母、老师喜欢这样的文章。久而久之，学生的童真童趣丢失了，个性思维品质渐渐弱化，所写文章的立意也就因丧失写作主体所应有的主观意识而失去应有的魅力，不利于学生的发展。

### （五）应付了事心理

在写作操作实践中，有时候学生生成文章是被动的，或者说出于某种无奈，也就是压力的促成。这种学生可能一开始压根儿不想写作，其没有表达的欲望，只是奉命而作，写作目的仅仅是得高分。当遇到这种奉命写作的学生时，教师应强化这种读者意识，激发其写作的内驱力，让学生获得表达和沟通的愉悦感、成就感。

透过以上五种写作心理的观察与分析，我们认为教师在习作教学中，应不断激发前三种写作心理状态，正确引导、处理后两种心理状态，这样才更利于促使学生真表达、想表达。

第二章

搭建读者意识下的习作支架

表达能力是学生的语文核心素养之一，习作是训练学生表达能力的重要方式。我在习作教学实践中发现，运用符合读者期待的情境支架、读者支架、文库支架、迁移支架、回音支架策略可以最大限度还原写作的交际功能，符合学生的最近发展区。这能切实减轻学生的学习负担，解决学生习作中言语"梗阻"的难题，帮助学生提升表达水平，对培养学生的核心素养起着重要作用。

　　在习作教学中，教师要根据需要，为学生的学习提供支持与帮助。维果斯基的"最近发展区"理论和"建构主义"教学理念指出：儿童的学是在不断地、积极地建构自身的过程；教师的教则是一个必要的脚手架，支持儿童不断地建构自己，不断建造新的能力。通过这种支架的支撑作用，学生的习作能力可以提升至一个更高水平。

　　在习作教学实践中，我发现，由于学生在言语认知结构或能力结构方面存在着不完善或不稳定的问题，运用情境支架、读者支架、文库支架、迁移支架、回音支架策略，学生可以顺利地穿越"最近发展区"，走出局部言语的"梗阻"，使他们的表达更流畅、准确、规范、有序、形象，从而获得更好的发展。

# 第一节 情境支架，建立情感链接

写作的目的是与人沟通交流，每个人都有表达、交往的需要，这符合学生的成长需求。《义务教育语文课程标准（2011年版）》对语文课程性质的定义为"语文是最重要的交际工具，是人类文化的重要组成部分"，这就明确了语文课程的总取向是培养学生的语言交际能力。这种取向也体现在作文教学目标的表述中，如第二学段的阶段目标要求学生"愿意将自己的习作读给他人听，与他人分享习作的快乐"，第三学段的阶段目标要求学生"懂得写作是为了自我表达和与人交流"，这些都表明了课程标准的交际取向。

而受应试教育的影响，我国小学习作教学忽视了作文的"交际"价值，习作的题目多是单向交流式或者伪交际式。

例如，部编版三年级上册第七单元的习作题目《我有一个想法》，习作要求是："生活中有哪些现象或问题引起了你的关注？你对这些现象有什么想法？从自己发现的或同学列举的现象中选择一个写一写。"这种题目没有交流的对象、没有场景感，仅从写作者的角度出发，干巴巴地罗列出文章要写的内容，学生完全没有场景感、没有交流对象，也就没有写作动力。

在习作题目最后，编者提到："写好以后读给同学听，看看他是否明白你的想法，再问问他对这个问题有什么看法。"从这个表述可以看出，课程标准很重视交际取向，但显得有些牵强。

情境认知理论认为，所有思维、学习和认知都处在特定情境中，不存在非情境化的学习。因此，在学生习作前，教师要有意识地把习作题目转化为有读者对象的交际情境题目，为学生提供一种与写作主题相关的交际情境，让学生有明确的写作目的、对象和场合，从而激发学生的写作兴趣和动机，引导学生进行有意义的表达。

例如，四年级要求写校园的一处景物。教师设置了两个情境支架，让学生任选其一，具体如下：

一对父母正在为即将入学的女儿选择一所心仪的学校，此时他们路经你们学校，你打算怎么向他们介绍你的学校，让这对父母开心地选择你们学校。

眼下，一个大老板正准备把公司的经费投入一所最有潜力的学校，在物色学校时，这位大老板见到了你，向你询问起学校的情况，你会怎么介绍，从而让这位大老板投资你们学校。

在这些真实或拟真的交际情境中进行写作能够帮助学生与写作主题建立情感连接，增强写作的真实性和感染力，激起学生表达交流的欲望，提高他们的情感体验和表达能力。学生面对真实的读者，有明确的写作目的，有具体的写作内容。他们能快速进入写作状态，自然而然地进行破题、入题，再也不用绞尽脑汁地拼凑文字。而是根据读者的情况，将心思放在写作内容与写作语气的选择上，这样构思起来更得心应手。

情境支架的构建是一种有效的写作教学策略，它来源于维果斯基的"最近发展区"理论和建构主义的教学理念。通过情境支架，教师在学生相应的发展水平上，提供适当的支持和引导，帮助学生逐步提高写作能力和素养。

# 第二节　读者支架，满足读者期待

支架的构建要聚焦学生的写作难点。鲁迅曾说过："读者是让你的文章发生巨变的神奇的人。"学生心里存放着读者，从读者的角度考虑读者的阅读期待，形成儿童化的习作支架，这完全是基于学生已有的生活经验和言语经验，最符合学生的最近发展区。学生借助读者支架，就像有了扶手，有了说话的对象，其表达的欲望更强。这种方法对中年段起步写作特别有效，尤其对那些写作水平较弱的学生有强大的推动力。

例如，三年级上册第七单元《我有一个想法》，教师运用读者意识，让学生在写作前设身处地从读者角度思考读者最感兴趣的是什么、读者最期待从你的文章中知道一些什么。学生从读者的角度提出了以下问题：①你有一个什么想法？②这个想法有什么用？③为什么有这个想法？④有什么建议？教师帮助学生从读者的角度梳理、提炼出最受大众读者所关注、符合表达逻辑的问题序列，形成写作思维框架。

读者支架的构建具有很强的对象性、情境性，学生沿着读者期待的问题支架，系统回答读者一个问题，就是写一段话；当学生将每个问题的答案按照一定顺序连在一起，便可呈现出一篇言之有物的作文。

如果将学生你一言我一语提出的问题直接写成文章，那大部分是杂乱无章、不成系统的。例如，统编教材语文四年级下册第六单元习作

"我学会了_____"，习作中的行文要按话语的思维模型，符合读者的阅读习惯。这就需要教师紧扣习作要求，目标清晰，层次鲜明，帮助学生取舍、梳理问题，构建出问题支架，使文章内容的串联、过渡表现得更自然。同样，如上面这道习作题，从读者的思维习惯进行分析，回答问题就像剥笋一样，一层又一层，层层深入，引人入胜。这样更能引起读者的阅读兴趣。见下表。

**读者期待**

| 原生态读者支架 | 梳理后的读者支架 |
| --- | --- |
| 1. 你是怎么学会的？ | 1. 你学会了什么？ |
| 2. 你为什么要学这个？ | 2. 你为什么要学这个？ |
| 3. 你是跟谁学的？ | 3. 你是怎么学会的？ |
| 4. 你学会了什么？ | 4. 在这一过程中你经历了什么？ |
| 5. 在这一过程中你经历了什么？ | 5. 你有什么收获、感受？ |
| 6. 你有什么收获、感受？ | |

通过使用读者支架，学生可以避免写作中出现逻辑混乱、内容空泛、结构松散等问题。这种方法对中年段起步写作特别有效，尤其对那些写作水平较弱的学生有强大的推动力。

有一位三年级学生诗彤，平常她40分钟写不到50字。第一次尝试运用写作支架，写文章给读者时，她与她的好朋友不约而同地互选为读者。她的朋友一写完文章，就迫不及待地递给她看，同时也好奇诗彤会写给自己什么。这份来自好朋友的美好期待让平常下笔困难的诗彤有了奋笔疾书的动力。当40分钟结束，其他同学都完成习作，在教室里叽叽喳喳交流时，她为了不辜负好朋友的信任，用书盖着头，排除一切干扰，低头写作。这次她用了51分钟，写了200字。之后，她的写作水平在这位好朋友的帮助下，提高得很快。

以下是部编版语文教材三年级和四年级习作题目转换和习作支架。

三年级上册习作题目转换和习作支架

| 题目 | 读者意识题目 | 支架 |
|------|------------|------|
| 第一单元：猜猜他是谁 | 同学们，欢迎大家来到欢乐王国，今天是欢乐王国一年一度的"欢乐游戏"活动时间，我们的第一个游戏是"猜一猜，找朋友"，你想不想加入我们的游戏活动呢？欢乐王国的人特别想了解你的朋友长什么样子？有什么爱好？最喜欢做的事情是什么？欢迎大家加入欢乐王国的游戏时间 | 1. 他长什么样子？（这部分要抓住特点，否则别人就猜不出来了）<br>2. 他有什么爱好？（读者：最渴望看到自己的好处——优点） |
| 第二单元：写日记 | 昨天，玲玲同学举办了"个人日记"展，她将每天的所见、所闻、所感用日记的方式记录下来与同学和家人分享。其中有一篇日记的内容是这样的："周末，爸爸没有做午饭，我太饿了，就用爸爸的手机点了外卖，一会儿门铃响了，我打开门，走进来的外卖小哥是我自己……"你想像玲玲一样举办个人日记展吗？你打算在日记里写什么？有什么秘密是只想分享给自己的呢 | 1. 在这一天里，什么事是最让人印象深刻的？<br>2. 有谁？在哪儿？发生了什么事 |
| 第三单元：我来编童话 | 同学们，今天我们要去童话世界游玩，那里有各种各样的童话，听……更幸福的是，我们可以见到童话老人，他会给我们讲童话故事。不过，要请童话老人讲故事，我们自己必须创编一个童话去交换。如果你编写的童话得到家人或同学的喜爱，童话老人就会亲自给你颁发"最佳童话"的证书。同学们，你打算编一个什么样的童话分享给同学和家人呢？相信你创编的童话一定可以打动他们，期待你可以拿到"最佳童话"的证书，加油 | 1. 故事发生在什么时候？故事里都有谁？<br>2. 有什么场景？<br>3. 故事是怎样的 |

| 题目 | 读者意识题目 | 支架 |
|---|---|---|
| 第四单元：续写故事 | 同学们，你们的生日会是什么样的呢？今天，我们群策群力，一起来策划一场令人难忘的生日会吧！认真观察几组图片，留意图中人物的对话、表情、动作，接下来他们会发生什么故事？生日会该如何安排才会让李晓明印象深刻呢？请同学们想想，该如何策划呢 | 1. 认真观察图片中的人物对话、表情、动作，将这个故事写下来。<br>2. 猜一猜，接下来会发生什么故事，把这个故事写完<br>（故事完整、连续） |
| 第五单元：我们眼中的缤纷世界 | 亲爱的同学们，今天老师要化身《神奇校车》里的卷毛老师，开着神奇的校车，带领大家去领略我们美丽的世界，回来后，把你眼中的缤纷世界分享给一、二年级的弟弟妹妹们。他们最好奇的是这缤纷世界是什么样子的？有什么独特之处？在这个地方有什么美妙的体验或感受？请大家坐好了，校车准备启动啦！期待这个美好的体验能给小朋友们带来大大的惊喜哦 | 1. 你在哪里找到了这一处的景物？<br>2. 在这里你看到了什么？听到了什么？<br>3. 在这个地方你有什么感受？<br>（读者非常期待美好的、充满正能量的事） |
| 第六单元：这里真美 | 草长莺飞二月天，正是出游最好时！学校大队部正准备组织同学们进行一次郊外春游的活动，你身边有什么好地方推荐给大家吗？请拿起笔踊跃投稿，让每个看到你推荐的人都特别想来这里游玩 | 1. 这个地方在哪里？<br>2. 这个地方有些什么景物？是什么样子的？<br>3. 这个地方有什么特点？哪里最迷人？<br>4. 你置身其中的感受如何？ |
| 第七单元：我有一个想法 | 同学们，市长办公室急聘一位市长小秘书。招聘活动正在火热进行中！如果你在生活中发现有什么需要改进的地方，就请认真把你的想法写下来，给市长信箱投递过去吧！相信市长先生看到后，会采纳你的想法，并邀请聪明的你成为他的小小智囊团呢 | 1. 什么问题或现象引发你的思考？<br>2. 这个问题引发了你什么想法？<br>3. 这个想法有什么作用或好处？<br>4. 你想通过这个想法倡议什么？ |

续 表

| 题目 | 读者意识题目 | 支架 |
|---|---|---|
| 第八单元：那次玩得真高兴 | 丁零零！放学铃声响起，大家都激动地冲出校门，到处飘荡着同学们欢乐的嬉戏声。但是小明却闷闷不乐。原来，他正苦恼不知道和小伙伴们玩什么游戏呢！这一定难不倒身为游戏大王的你。请你回想一次自己印象深刻的游戏经历，向小明推荐这个游戏，说一说游戏的过程，把快乐的心情传递给小明吧 | 1. 去哪里玩？<br>2. 有哪些人跟你玩？<br>3. 玩了什么？<br>4. 为什么让你感到高兴？<br>（写出玩时候的高兴心情） |

### 三年级下册习作题目转换和习作支架

| 题目 | "读者意识"题目 | 支架 |
|---|---|---|
| 第一单元：我的植物朋友 | 同学们，华南植物园要举办一场"我为植物代言"活动，现面向全体小学生征集代言人。这种植物叫什么？它有什么特点？你对植物朋友有什么新发现？这都是小学生们最感兴趣的。相信你们都跃跃欲试，欢迎你们选择自己喜欢的一种植物为它代言 | 1. 这种植物叫什么？<br>2. 它有什么特点（样子、颜色、气味、生长环境等）。<br>3. 你对植物朋友有什么新发现？<br>（看—闻—摸的感知）<br>4. 你为什么会关注这种植物 |
| 第二单元：看图画，写一写 | 初春之时，一起放风筝是一件多么惬意高兴的事啊，伙伴之间放风筝时的场景会如何呢？亲子间放风筝又会如何呢？看一看图片，观察他们的神态、动作等，想象他们会怎么做？说些什么？当时的心情怎样？写完和你的小伙伴分享一下 | 1. 图上有什么？<br>（注意观察有序）<br>2. 他们在干什么？<br>3. 这幅图想告诉我们什么 |
| 第三单元：中华传统节日 | 2100年，历史文化管理局为了重新探究中华民族的传统文化，特意派你这个最厉害的调查员回到千年前，希望你能亲眼见证节日的传承。 | 1. 什么时候？过什么节日？这个节日有什么特点？ |

续 表

| 题目 | "读者意识"题目 | 支架 |
|---|---|---|
| 第三单元：中华传统节日 | 回到过去后，你看到人们在屋檐下张灯结彩，嬉戏打闹；你看到人们在江面上划动龙舟，擂鼓呐喊；你看到人们在月夜下仰望星空，吃饼品茶……看到千年前的习俗真的在中国人的家庭里代代相传，你感慨万分。请你回忆一下这次时空穿越之旅中印象最深的一个传统节日，讲给21世纪的中外小朋友。他们最想知道这个节日的总体特点是什么？人们是怎么过的？有什么深刻的感受？让我们一起做好传统节日的传承人吧 | 2. 人们是怎么过的？（场面描写）<br>3. 我家是怎么过的？（详写）<br>4. 感受怎么样 |
| 第四单元：我做了一项小实验 | 科技兴则民族兴，科技强则国家强。现在学校要举办一场科技交流大会。你做的一项小实验引起了全校同学的兴趣，大家都很好奇你的小实验需要什么工具？操作过程是怎样的？实验背后的原理和实验的感受、启发是大家最期待了解的。赶紧动手准备，在交流大会中脱颖而出吧 | 1. 什么时候？在哪里？和谁？做了什么实验？<br>2. 这个实验需要什么工具？<br>3. 实验过程是怎样的？（边做边想）<br>4. 这个实验背后的原理是什么？<br>5. 做完这个实验后，你有什么感受或收获 |
| 第五单元：奇妙的想象 | 森林里出现了一本未写完的书，书上记载着一个小男孩在无意间进入了一个奇幻世界，在那里，他触摸了记载着千变万化、奇妙无比的魔法书；看见了为抵御严寒而冬眠的人类；还见到了各有思想，一生气就罢工的手和脚……这个奇幻世界还发生了许多奇妙有趣的事，唯有无限创意的人才能将其续写，小男孩的故事还在发生着，他还将遇到哪些新奇的事？又将怎样应对呢？……写完读给你身边的同学听，看看他们是不是也被你的故事所吸引了 | 1. 这个故事的主人公是谁？<br>2. 在这个主人公身上发生了一件什么奇妙有趣的事？<br>3. 这件事情是怎么发生的（谁在什么地方做了一件什么事） |

| 题目 | "读者意识"题目 | 支架 |
|---|---|---|
| 第六单元：身边那些有特点的人 | 我们学校的"校园达人秀"马上开始了。他是爱运动的"小健将"他是爱问问题的"小问号"他是足智多谋的"智多星"……现在，作为"校园达人秀"推荐官的你，用一双发现的眼睛，把要推荐的这个人的特点写详细，观众特别想知道怎么看出他（她）有这样的特点？大家对他的看法是怎样的，小朋友们动起笔来，好好地把这个有特点的人推荐给"校园达人秀"节目组吧 | 1. 这个人是谁？<br>2. 他有什么特点？<br>3. 怎么看出他这样的特点？<br>4. 大家对他的看法是怎样的<br>（倾向选积极向上、好的方面的特点） |
| 第七单元：国宝大熊猫 | 中国最大的熊猫馆——成都熊猫馆即将迎来暑期最大客流量，每日将有近万名游客入馆观赏憨态可掬的熊猫。虽然馆内人气火爆，但仍面临一个大问题——急缺熊猫讲解员。现熊猫馆诚聘热爱熊猫、口齿清晰的讲解员，要求能给游客讲清楚熊猫的外形特征及性格特点等，而且能把自己观赏熊猫之后的感受讲给大家听，让游客加深观赏体验，更加热爱我们的国宝大熊猫。讲解员招聘活动正在火热报名中，快携带讲解稿速来参加吧 | 1. 大熊猫是什么样的？<br>2. 它有什么特点？从哪里看出来的？<br>3. 你对大熊猫的总体感受是什么 |
| 第八单元：这样想象真有趣 | 有一种能力能把世界上所有的动物都赋予完全相反的特征，大象变得胆小如鼠，蜗牛变得敏捷如豹，大家都陷入了混乱……<br>作为世界上首屈一指的冒险家，大家非常需要你把动物们的情况调查清楚，看它们身上会发生哪些奇异的故事？这奇异的故事会有什么场景？事情是怎样的？结果如何？这样人们才能拟定策略来应对崭新的世界。 | 1. 选哪一种动物？<br>2. 这种动物有了与原来完全相反的什么特征？<br>3. 有了这些特征后，这种动物会发生哪些奇异的故事？<br>4. 其他小动物会怎么看它 |

四年级上册习作题目转换和习作支架

| 题目 | "读者意识"题目 | 支架 |
|---|---|---|
| 第一单元：推荐一个好地方 | 同学们好，一年一度的"最受欢迎的好地方"推荐会要开始了，届时会评选出"好地方推荐官"，你想为大家推荐的好地方是什么样的呢？是在哪里呢？有什么特别之处？快快拿起手中的笔将其记录下来，向你的好朋友推荐，带着你的好朋友感受流连忘返的水乡小镇，抑或快乐有趣的游乐场吧！争取当上"好地方推荐官"呀 | 1. 你推荐的地方是什么？<br>2. 这个地方在哪里？<br>3. 它有什么特别之处 |
| 第二单元：小小"动物园" | 有一天醒来，你发现大家都变成了动物，你还能认出你的家人吗？你是怎样认出他们的？哪些地方让你觉得家人和这些动物很像呢？快来起笔记录下来，讲给家人听，请他们评评写得像不像 | 1. 你的家人和哪些动物比较像？<br>2. 什么地方像？<br>（是外形像、习性像还是性格像？）<br>3. 生活在这个"动物园里"你感觉怎样 |
| 第三单元：写观察日记 | 小小日记员比赛即将开始，比赛将给留心观察、认真记录的同学颁发奖状。你观察的内容，观察的过程，观察中的发现、想法、心情等都是同学们最感兴趣的。快快行动起来吧，看看谁的日记最有趣 | 1. 为什么要进行观察？<br>2. 观察了什么？<br>3. 观察的过程是怎样的？<br>4. 通过观察，你有什么发现？<br>5. 你当时的想法和心情是怎样的 |
| 第四单元：我和____过一天 | 孙悟空说他要用七十二变帮大家实现一个愿望，他要带同学们来一场"奇幻之旅"。你们可以选择神话故事或童话故事中的一个人物过一天，可以是本领高强的哪吒、机智聪明的神笔马良、美丽纯洁的白雪公主……说说这场"奇幻之旅"你们去了哪里、做了些什么、发生了哪些有趣的事。把这场"奇幻之旅"记录下来，和小伙伴分享，让我们一起开启这场"奇幻之旅"吧 | 1. 你选择和哪个神话人物或童话人物过一天？<br>2. 你们一起去哪里？做什么？<br>3. 你们会发生什么离奇的故事？<br>4. 分别时会是怎样的场景 |

续表

| 题目 | "读者意识"题目 | 支架 |
|---|---|---|
| 第五单元:<br>生活万花筒 | 在神峰上,葫芦娃们拿到了蛇精的魔镜,透过魔镜可以看到自己经历过的印象深刻的事,也可以照见自己看到的、听说的事。如果把你印象深刻的一件事的经过按顺序记录下来,再匹配上魔镜的镜像,你将获得这块神奇的魔镜喔 | 1. 发生的这件事是什么时间?地点在哪里?有谁?<br>2. 具体的经过怎样?<br>3. 为什么印象深刻?<br>4. 有什么感受 |
| 第六单元:<br>记一次游戏 | 六一儿童节,学校举行了游园活动:室内的贴鼻子游戏、跳长绳、抢椅子、障碍接力赛等。现在"南方小记者站"打算向你约稿,他们想通过你的稿件,了解你们游戏前做了哪些准备?游戏中,做了什么?印象最深的是什么?游戏后,你有什么想法和感受?期待你的稿件能被录用喔 | 1. 游戏前做哪些准备活动?规则是怎样的?<br>2. 游戏中你做了,一些什么?印象深刻的是什么?<br>3. 游戏结束后,你的心情如何?有什么感受 |
| 第七单元:<br>写信 | 广州是个美丽的城市,也是我们成长的地方,请给远在家乡的爷爷奶奶写一封信,爷爷奶奶最想知道广州有什么著名景点、这些景点有什么特色。注意写信的格式,写完后可以通过信件或电子邮件发给爷爷奶奶 | 1.你想给谁写信?<br>2.想告诉他哪个景点?<br>3.这个景点有什么特点 |
| 第八单元:<br>我的心儿怦怦跳 | 快听,心脏发出了明显信号:是胆战心惊、热泪盈眶,还是欣喜若狂……请你化身为大脑司令员,诊断一下他们的小主人可能发生了什么事情?事情的经过是怎样的?小主人当时的感受是怎样的?这样才能安抚正在怦怦直跳的心脏大哥 | 1. 让你心儿怦怦跳的事是什么?<br>2. 这件事的经过是怎样的?<br>3. 你当时的感受是怎样的? |

**四年级下册习作题目转换和习作支架**

| 题目 | "读者意识"题目 | 支架 |
|---|---|---|
| 第一单元：我的乐园 | 快乐是可以传递的。星之光老年人服务中心邀请了你这一年级的小朋友，为这里的老人家讲讲自己的乐园，让这些老人能从你的乐园中汲取力量，获得快乐。也许是村头小河边的草地，也许是学校的足球场，也许是家里的小院子……这些乐园是什么样子的？你喜欢在里面做什么？乐园给你带来了怎样的快乐？这些都特别能与老人家产生共鸣，勾起他们对童年快乐、美好时光的回忆。作为小小志愿者的你一定很想去完成这个任务 | 1. 你的乐园是什么？<br>2. 你的乐园是怎样的？<br>3. 你最喜欢在乐园里做什么？<br>4. 这个乐园给你带来了怎样的快乐？ |
| 第二单元：我的奇思妙想 | 在科技创新产品发布会上，会飞的木屋、会变大变小的房子、水上行走鞋……这些奇思妙想都获得了决赛资格。你也有一项新发明获得了宣讲资格，组委会特别想知道你想发明什么？它是什么样子的？有什么奇特的功能？如果你能图文并茂地呈现你的小发明，就能让组委会更直观地、形象地了解你的发明，他们一定会被你奇特的想象和流畅的文字所吸引 | 1. 你想发明什么？<br>2. 它是什么样子的？<br>3. 它有哪些功能？ |
| 第三单元：综合性学习 | — | — |
| 第四单元：我的动物朋友 | 同学们，《森林动物报》要征稿啦！森林里的动物们都想交一些新朋友，并邀请新朋友来森林做客。可是，它们又怕不了解新朋友的样子、性格、生活习惯还有喜好，招待不周。于是特地拜托报社，希望小朋友们能把自己的动物朋友介绍给它们，讲清楚你的动物朋友有哪些习性、哪些特点、哪些故事。大家快拿起手中的笔，踊跃投稿吧 | 1. 你的动物朋友是什么？<br>2. 它的样子是怎样的？<br>3. 它的性格是怎样的？<br>4. 它喜欢吃什么？做什么？<br>5. 交了动物朋友后，生活发生了什么变化？ |

续 表

| 题目 | "读者意识"题目 | 支架 |
|---|---|---|
| 第五单元：游_____ | 小导游推荐活动开始啦！身为小导游的你想为同学们推荐哪一个自己体验过的、印象最深刻的游玩地方呢？请你讲解一下游玩的路线，选择其中最具特色的景物展开介绍，打造一条专属于你的"特色旅游路线"！同时可以介绍一下你的游玩感想和希望，以吸引更多小游客为你投票哦 | 1. 你要写的地方是哪里？<br>2. 那里有哪些有特点的景物？<br>3. 你游览后的感想或希望是什么？ |
| 第六单元：我学会了___ | 十岁成长礼要来了！《十岁成长》纪念册也要向大家征稿了。一步一个脚印，我们在成长的路上，慢慢学会承担责任，掌握了很多新技能。也许感到骄傲，也许遇到过不少困难，请把你的成长用文字记录下来，希望在《十岁成长》纪念册上能看见属于同学们的独一无二的成长印记哦 | 1. 你终于学会了什么？<br>2. 你为什么要学会？<br>3. 你是怎样学会的？中间遇到了什么困难？是怎么解决的？<br>4. 这让你悟到了什么道理？ |
| 第七单元：我的自画像 | 最了解你的人是你自己。为了让新来的班主任更好地了解你，请你向新班主任好好地介绍自己。可以介绍你的外貌特 | 1. 你长什么样子？<br>2. 你的性格、特长是什么？ |
| 第七单元：我的自画像 | 点，可以介绍你的主要性格特点，可以介绍你最大的爱好和特长，还可以用一些事例来介绍你的情况。写完之后读给新班主任听听，他一定会很喜欢你的 | 3. 你是如何展示特长的？<br>4. 别人是怎么评价你的？<br>5. 你的愿望是什么？ |
| 第八单元：故事新编 | 热爱阅读的你一定读过许多有趣的故事，如《龟兔赛跑》《狐假虎威》《坐井观天》《狐狸和乌鸦》等。放下书本后，你是否为平日的跑步健将兔子失败而鸣不平？是否觉得坐在井里的青蛙还会发生别的故事？是否能化身为一只聪 | 1. 你想新编的故事是什么？<br>2. 原来这个故事的结局是怎样的？<br>3. 新编故事又增加了什么角色、场景和情节？ |

续 表

| 题目 | "读者意识"题目 | 支架 |
|---|---|---|
| 第八单元：故事新编 | 明的小狐狸骗到乌鸦嘴里的肉？现在请你化身小作家，拿起创作的笔，试着重新编一个有趣的故事，期待你的作品 | 4. 故事的起因、经过是怎样的？（跟原故事不同）<br>5. 新编故事的结局是什么？<br>6. 这个结局让你想到什么跟原故事不一样的道理？ |

# 第三节　文库支架，顺应读者思维

对于小学生而言，有了初步的思维框架，并把心中所想用文字表达出来，这个产出的过程是艰难的。卢梭说："在达到理智年龄以前，孩子们不能接受观念，而只能接受形象。"因此，儿童学习语文最关键的方式是模仿。教师通过建立文库，为学生提供多元化的阅读资源。这些丰富多样、针对性强的阅读材料不仅可以满足学生不同层次、不同类型、不同风格的阅读需求，还有利于学生在阅读中获取一些写作的灵感和思路，在脑海中把那些想对读者说的话变成文字，从而更直接、更流畅地表达出来。

文库支架的建立并不是简单地抄袭或复制，而是让学生有目的、有选择、有规律、有创造性地创作。在这个过程中，学生仔细揣摩如何更有意义、更有条理地与读者交流。

## 二年级下册第六单元写话

**读者支架：**

（1）你在什么情况下提出的问题？（现象）

（2）产生了什么问题？

（3）你的猜想是什么？（也许、可能、应该、难道……）

（4）你的追问是什么？你的猜想是什么？

（5）总结。

**写作模板：**

每当……

我在想……

也许（难道）（可能）……

**文库支架：**

每当我在海边散步dT头就能看见石头上长着贝壳，我在想：石头上怎么么会有贝壳呢？难道石头是贝壳的好兄弟？那为什么石头和贝壳会成为好兄弟呢？也许他们的感情非常的深，就成为了兄弟。大自然真是太奇miào啦！

每当晚上我看到星星眨眼睛的时候，我在想：为什么星星会眨眼睛？也许它们想看清地上的东西吧。那为什么白天我看不见呢？可能它们在跟我们玩捉迷cáng吧。大自然的现象千奇百怪，有趣极了！

每当下雨后我和爸爸去散步的时候，看到天上的彩虹时，那彩虹五颜六色，美丽极了。我在想：为什么雨后天上挂着彩虹呢？是不是太阳公公画出来的？我赶紧回家查百科全书，原来太阳光是七彩的，照在水珠上，就会被反射出来，形成了彩虹。可为什么明明太阳光是彩色的，可我见到的却是白色的太阳光呢？原来七彩的光会融合成白色的太阳光。啊，大自然可真神奇呼！我还要仔细观探sà的。

每当我看到地上的树叶它都是各种各样的，有的像爱心，有的像手掌，我在想：为什么树叶是各种各样的？难道是天上的神仙下来裁剪的吗？那为什么神仙会下来裁剪树叶呢？也许神仙觉得树叶圆圆的不好看就把树叶剪成多种各样的呢。神仙是怎么剪得这么好看呢？可能是仙用魔法把树叶变成各种各样的吗？大自然可真奇妙啊！

学生习作示例

## 三年级上册第六单元习作：这儿真美

**读者支架：**

（1）这个地方在哪里？

（2）这个地方有些什么景物？是什么样子的？

（3）有什么特点？哪里最迷人？

（4）你置身其中的感受如何？

**写作模板：**

**这儿真美**

走进……

仔细"看"……

走近一看，只见……

微风吹来，……

**文库支架：**

### 美丽的校园

我们学校在黄埔区，那是个美丽的校园。

走进校园，眼前有一朵朵美丽的杜鹃花，杜鹃花的颜色可好看了，有粉色的，有黄色的，还有红色的。

走近一看，有的杜鹃花的花瓣全开了，好像想让老师和同学欣赏自己的美；有的像害羞的小姑娘，轻轻地用花瓣遮住自己的脸，不想让其他伙伴看见自己；还有的微微张开一两片花瓣，在微风中随意摆弄着自己优美的身姿。

杜鹃花的旁边有可爱的绿萝，绿萝长长的，连成一条用叶子做成的项链，把杜鹃花打扮得更漂亮了。

风儿一吹，一朵朵美丽的杜鹃花便变成了仙子，展开自己的花瓣，在微风中尽情地舞蹈。

我们的校园真美呀!

## 三年级上册第七单元习作:我有一个想法

**读者支架:**

(1)什么问题或现象引发了你的思考?

(2)这个问题引发了你什么想法?

(3)这个想法有什么作用或好处?

(4)你想通过这个想法倡议什么?

**写作模板:**

我有一个想法

最近,我发现……

我觉得……

我希望……

**文库支架:**

我有一个想法

最近,我发现校园里有很多同学喜欢打架,这是不好的行为。

有一次,下课了,我们班的男同学在教室后面打架。有的男同学用脚踢,有的用拳头打,还有的一边打,一边追,这样是很危险、很容易伤到别人的。

我觉得老师们要加强管理,及时制止这种打架行为,给同学们说一说欺负同学的害处。必要时还要跟家长沟通,引导同学们有话就好好说,做个文明的人。

墨子曾说过:"爱人者若爱其身。"同学之间应该友好相处、文明待人,这样我们的校园会更安全、更有温度。

## 三年级下册第二单元习作：看图画，写一写

**读者支架：**

（1）图上有什么？（注意观察有序）

（2）他们在干什么？

（3）这幅图想告诉我们什么？

**写作模板：**

**放风筝**

时间、地点、人物、事件。

远远……

走近（抬头）一看……

我们几个看了心痒痒的……（语言、动作、神态、心理描写）

我们看着风筝越飞越高……

**文库支架：**

### 放风筝

星期六的早晨，小刚、小明和我一起去公园放风筝。

我们一走进门，就看见了许多的风筝。有蜈蚣形的、金鱼形的、老鹰形的和三角形的，它们在天空中自由地飞翔。金鱼风筝在白云中穿来穿去，好像是天空中独一无二的飞鱼；蜈蚣风筝在天空中优雅地摆过来摆过去，好像在散步一样；老鹰风筝左顾右盼，好像在寻找食物。这些风筝在空中随风飘动，给蓝蓝的天空添加了生机。

我们几个看了心痒痒的，也想放风筝了。小刚对小明说："我们来放风筝吧，你举着风筝，我拽着线轴跑。"说完，我们就放起了风筝。风筝放起来了，我开心地说："我也要放。"

我们看着风筝，心也随着它越飞越高，越飞越远，越飞越宽……

## 三年级下册第三单元习作：中华传统节日

**读者支架：**

（1）什么时候？过什么节日？这个节日有什么特点？

（2）人们是怎么过的？（场面描写）

（3）你家是怎么过的？（详写）

（4）感受怎么样？

**写作模板：**

××节，

中国有很多传统节日，有……其中，我最喜欢的节日是_____

_____。

在那一天，人们……

（场面描写，人们是怎么过的。"有的……有的……有的……"）

（略）

我们一家人……

××节真开心，我真希望天天都是这个节日啊！（感受）

**文库支架：**

### 中秋节

中国有很多传统节日，有春节、元宵节、清明节……其中，我最喜欢的就是中秋节了。

那一天晚上，我们在天台上边吃月饼，边赏月。奶奶说："天上可是住着一只玉兔的，要是你边吃月饼边看着月亮，就会看见玉兔。"听了奶奶的话，我马上试了一下，一边拿起咸蛋黄月饼，一边静静地望着月亮，果然看到了玉兔。

开始吃水果了！香甜的苹果、酸酸的葡萄、多汁的梨……爸爸微笑着对我说："中秋节我们一家人要团聚在一起。"

我喜欢中秋节，真希望明年的中秋节能早一点到来。

让学生多文对照，发现表达的相同点：开门见山交代节日时间，总括节日特点；通过"有的……有的……有的……"句式可以对各家各户的节日场面进行白描，此处应该略写，因为读者不喜欢累赘的语言；要详细介绍自己家是怎么过节的，这是读者最期待的；最后总写自己的节日感受。这样的文章娓娓道来，有点有面，很符合读者的阅读思维。

## 三年级下册第四单元习作：我做了一项小实验

**读者支架：**

（1）什么时候？在哪里？和谁？做了什么实验？

（2）这个实验需要什么工具？

（3）实验过程是怎样的？（边做边想）

（4）这个实验背后的原理是什么？

（5）做完这个实验后，你有什么感受或收获？

**写作模板：**

**我做了一项小实验**

有一次，在哪里？和谁？做了什么实验？

实验前，我们准备好……

开始做实验了，……

我一边做，一边想：……

通过做这个实验，我收获了……

**文库支架：**

### 我做了一项小实验

有一次语文课上，老师和我们在教室里做了一项实验——静电实验。

实验前，我们准备好材料：尺子、碎纸和干布；然后用干布擦尺子；接着把尺子接近碎纸，碎纸竟被神奇地吸起来了。

我一边做，一边想：为什么尺子能把碎纸吸起来呢？回到家我问爸爸，爸爸告诉我，是因为电子由一个物体转移到另一个物体的结果，使两个物体带上了等量的电荷。得到电子的物体带负电，失去电子的物体带正电。因此原来不带电的两个物体摩擦起电时，它们所带的电量在数值上必然相等，摩擦过的物体具有吸引轻物体的现象。

"原来是这样，这多么奇妙啊！"我恍然大悟地说道。

大千世界，有许多的奥妙等待着我们去发现、去探索、去研究，我要努力学习，长大要当一位科学家。

## 三年级下册第六单元习作：身边那些有特点的人

**读者支架：**

（1）这个人是谁？

（2）他有什么特点？

（3）怎么看出他这样的特点？

（4）大家对他的看法是怎样的？（倾向选积极向上、好的方面的特点）

**写作模板：**

我有一个好朋友，

他的样子很……

他是个……的人

他不仅……还……

同学们都……

文库支架：

### 夸夸我的小伙伴

人们常说："世界上并不缺少美，只是缺少发现美的眼睛。"（这可是林老师最喜欢的名言，站在巨人的肩膀上引出自己的文章，是不是很高大上呢！）在我们班中，有一位同学虽然没有完美的外表，也没有令人羡慕的成绩，但他的勤奋却是让我非常佩服的。（两处对比，一开篇就亮出这篇文章的重点——勤奋。下面就紧紧围绕这一特点来写。记住：关键词有几个，下面就要写几件事。）

透过一副高倍数的近视眼镜，你会发现他有一双明亮的大眼睛；嘴角边总会洋溢着灿烂的笑容，给人亲切的感觉；每天走进校门，他总会热情地与老师、同学打招呼，那声音让人感到温暖。（同学们看看，这里进行了外貌描写，就抓住三点：眼睛、笑容、声音。记住三点构成一个最稳定的三角形。这是林老师最喜欢用的——选点。）

让我印象最深刻的是，有一次老师临时抽查同学们的听写。这完全出乎大家的意料，因为平时老师总会提前让我们复习，于是凭着"临阵磨枪，不快也光"的常用招数，大家也能平安通过。可这一次，老师没让我们复习，就直接考了，这让全班同学都捏了一把汗，心里像有块大石头，七上八下的。（知道这里采用了什么写作手法吗？心理活动。）

"这可怎么办呀！"连班上的语文课代表也担心起来了。（在这里，林老师为什么选语文课代表呢？因为连语文课代表也担心，说明这次听写很有难度，对不对？这是不是更能衬托出炜林的厉害呢！）随着老师有节奏地报读一个个词语，教室上空的空气似乎也凝固了。（这可是环境描写喔！此时加入可以增强现场气氛，为后面做铺垫。）有的同学皱着眉头，有的边写边摇头，还有的无助地望着老师……（你们发现了吗？这里又出现林老师常用的、最喜欢的排比了，是不是更能衬托出炜林的了不起呀！）（好的，紧接着，主角要正式出场了。）然而，他却头也不抬，面带微笑，每写完一个词就情不自禁地双脚摇动起来，好像这些词语都是他熟悉的好朋友。（如果前面是侧面描写的话，那么这里就是正面描写了，重点抓住细节。）

第二天，老师来到教室，严肃地说："这次听写，全班只有一位同学拿了满分。"这时同学们就在猜，应该是班长吧。可当老师念出这位同学的名字时，全班都愕然了。

"怎么会是他？"

"不可能，绝对不可能！"

（这些心理活动是不是恰到好处呢！）

全班同学都向他投去了怀疑的目光。可细致地查看他的本子，却真的没有发现一个错字。原来他每天放学回家，都会抄写词语，并让妈妈反反复复地给自己听写。日积月累，他的基础知识变得越来越扎实了。真是"一分耕耘，一分收获"呀！从此以后，全班同学不得不佩服他。（终于亮出真相了，原来"一分耕耘，一分收获"就是这篇文章的中心。同时处处不忘点题，突出"佩服"，你也要学会这一招喔！）

他，就是咱们班可爱的徐炜林同学。（最后才揭开谜底，是不是很吸引读者呢！）

## 三年级下册第七单元习作：国宝大熊猫

**读者支架：**

（1）大熊猫是什么样的？

（2）它有什么特点？从哪里看出来的？

（3）你对大熊猫的总体感受是什么？

写作模板：

**国宝大熊猫**

大熊猫长着……

大熊猫很……

大熊猫不仅……而且很……

大熊猫真……

**文库支架：**

### 国宝大熊猫

大熊猫是我国十分珍稀的动物，也是我国的国宝。

它的脸颊圆圆的，眼睛外边是它的"黑眼圈"，好像戴着一副墨镜；它的身体胖嘟嘟的，好像一个大皮球；四肢黑乎乎的，像根黑色的柱子。

大熊猫很贪吃。它爱吃竹子、窝窝头、苹果和蜂蜜等。每次给它体检，只要给它吃一点窝窝头就可以乖乖地配合了。它白天至少有一半的时间是在吃东西。大熊猫可真是个"贪吃鬼"。

大熊猫不仅贪吃，还很懒。它一吃完东西就呼呼大睡，那睡觉的姿势有趣极了！有的趴着睡，有的抱着树干睡，还有的躺在另一只熊猫上睡。

大熊猫虽然懒，可有的时候很活泼。只要给它一块木板，它就可以把它当滑梯。有的躺着滑，有的趴着滑，还有的两个一起滑。

大熊猫真可爱！

# 第四节　迁移支架，多元读者促表达

读者支架是一种固定的写作结构或模式，它可以帮助学生组织思路，布局谋篇。但这个支架并不是一成不变的，它需要根据不同的写作目的和读者进行调整和变化，使其适应新的写作需求。这就是多元读者的核心思想。

所谓多元读者，就是让学生使用同一支架，面对不同的读者，依不同的读者特点，选取不同的语言表达特色，灵活处理习作中的文字，达到学以致用。学生通过多元读者，对原作进行精心修改，对同一类文题进行多种形式的练习，更加熟练地掌握支架，迁移支架，并从中体会语言表达的微妙，以及作文修改的重要。

多元读者，既加强了学生的习作方法指导及训练，又使学生扎实地掌握了写作方法，学生从中懂得了写一篇文章不要只局限于一种形式、一个方面的内容、一个方面的题材，其形式可以多种多样，内容、题材可以更丰富多彩。

例如：

### 《神奇的探险之旅》课前考查

| 读者对象 | 内容 |
| --- | --- |
| 朋友、同学 | 天真、有趣、吸引人、大胆刺激、冒险、不考虑后果 |
| 父母 | 贴近平时生活 |
| …… | |

王老师在进行六年级语文上册第七单元习作主题"我的拿手好戏"时，让学生在习作前思考以下几个问题：第一，这篇文章写给谁看？第二，对方会对哪些内容感兴趣？第三，对方看完这篇文章会不会认同这是你的拿手好戏？学生思考完这几个问题后进行写作。以下两篇文章选材相同，可是读者对象不同，各有精彩！

### 琴声悠悠

不管是什么时候，一段音乐总能令人赏心悦目。古筝，作为拥有千年历史的乐器，弹古筝，既是我的拿手好戏，也是我最大的乐趣。

我与古筝的相遇是一次巧合，随后便一发不可收拾地迷上了。从最初的几个音符，到最后的悠扬乐曲，这质的飞跃也让我对此信心满满。

假日里，我们与一起学习古筝的表妹外出露营。看着近在眼前的绿水青山，爸爸不禁笑着说道："有山有水，就差一段音乐了。"话音刚落，众人立刻把目光投向了我和表妹。在大家的鼓舞下，表妹第一个出场。为了应景，我们不约而同地选择了《高山流水》这首曲子。很快，表妹就开始了演奏。只是，那断断续续的乐曲声与一旁的高山流水格格不入，倒是像街道上的汽笛声，一片嘈杂。我摇了摇头："这是因为技术上的欠缺与对谱子不熟悉导致的。"大家纷纷赞同我的点评，表妹也羞红了脸。

接着，在众人期待的目光与欢呼声中，我把双手放在了那一排熟悉至极的琴弦上。

当第一个音符响起时，时间仿佛静止了一般，人们的呼吸也放慢了许多。我面色微红，自信中又掺杂着几分紧张。随后，一连串悠扬的琴声从山林中缓缓传出，时而如峰峦起伏，时而似溪水淙淙，时而同群鸟鸣啭。映入眼帘的，不再是一台单调的古筝，而是青山郁郁葱葱，溪水在打转，激起一片浪花，鸟儿在追逐、嬉戏、欢唱。直到余音散去，众人才缓缓醒来。

"真不愧是小音乐家！"在众人的夸赞下，我得意地笑了。古筝，我的朋友。

## 筝行四方

高山流水音绕梁，声声入耳沁心脾。古筝，是民族传统乐器，自商周以来，优美的筝声就在华夏大地上响起，从未停歇。

我练琴已有六年，琴技虽说还未登峰造极，但也已炉火纯青。看着身旁的古筝，我总能回忆起练琴生涯中最令我难忘的第一次演出。

那是一次集体演出，在两年前的晚上，星海音乐厅里，还是四年级的我坐立难安，既兴奋，又紧张。兴奋的是这是一次展示自己的绝佳机会，紧张的是这是我第一次上台演出。时间并没有给我继续犹豫不决的机会，很快，就轮到我上台了。

坐在耀眼的聚光灯下，看着数也数不清的观众，害羞的我一下变得脸色苍白，两腿发抖。可看着观众们那一双双期待的眼睛，我慢慢地平复了心情，找回了状态。

随着熟悉的前奏响起，背得滚瓜烂熟的乐谱浮现在了脑海中，我深吸一口气，和着节拍弹了起来。勾托抹劈，看手指在琴弦上飞舞；叮叮咚咚，音符在空中弹跳。我的手在琴弦上一遍遍拂过，弹出的音乐时而高昂，时而低沉，时而狂野，时而轻柔。我两眼微闭，身体左摇右晃，沉浸在音乐中，而观众们也在我们精彩绝伦的表演中如痴如醉、飘飘欲仙。直到最后一个气壮山河的琴音落下，观众们才反应过来，报以我们热烈的掌声。我们谢了三次幕，才平息了观众似火的热情。

那次表演，让我走出了害羞的阴霾，走到了自信的阳光下。从那以后，我随着乐团走过了苏杭，走过了扬州，走过了桂林，走过了……

古筝，不仅是我的拿手好戏，更是我的良师、我的益友。

学生写完后，王老师与学生进行了对话：

师："第一篇文章你想写给谁看？"

生："我的好朋友，她是我很好的玩伴，我们在一起经常互相分享。我想通过这篇文章向她展示我的特长，把欢乐分享给她。"

师："第二篇文章你想写给谁看？"

生："我想给我的父母看，因为父母对我期望很高，对我要求也很严格，我想通过这篇文章让他们感受到我琴艺高超，为我感到骄傲。也希望父母放心，我是个积极上进的孩子，他们不用对我事事不放心。"

师："好友和父母分别想从你的文章中了解到哪些内容？"

生："写给好朋友的，她一定想了解我最近的生活以及我弹琴的水平，所以我把弹琴的地点放在户外露营，因为我俩曾经一起去露营，这能勾起她的回忆。因为是写给她的，所以题目起了'琴声悠悠'，风格上比较婉约，更适合女孩子看。"

生："写给父母看的，父母一定想看到儿子是有出息的，所以我写了一次演出经历，让父母感受到我的紧张、努力，以及台下观众对演出的喜爱，以此让父母感受到我刻苦的练习，为儿子感到骄傲。因为是写给父母看的，所以题目起了'筝行四方'，更具男子汉气概。"

可见，同样一个支架、同样一件事，因为读者对象不同，写作的角度也不同，表达的语气、运用的句式也有所不同。特别是在立场方面，不同的对象有不同的表达侧重点。这样的写作能够对学生思维品质的形成、写作能力的提高产生深远影响。

# 第五节　回音支架，与读者产生共鸣

写作就是期待和召唤读者阅读。回音支架作为一种写作策略，是教师在学生写作中为他们创设反馈和指导，让学生感受到自己的写作被阅读和被欣赏，从而提高学生的写作动机和能力。当学生写作中有了读者的回音，他们就会更加关注自己的写作内容和形式，更加努力地修改和完善自己的写作。另外，他们也可以从回音中学习到更多的写作策略和技巧，从而提高自己的写作能力和素养。

## 一、情真意切的回音

当学生写作中有了读者，他最希望把自己写的内容给心中那个读者看。当学生把文章交给心目中的那位读者看时，我们发现了许多特别的回音，具体如下：

对于小学生而言，尝到成功的喜悦是促进他们奋发向上的动力。当收到同学给自己写的文章时，学生们内心的兴奋油然而生，特别是收到多篇文章的同学，他们发觉自己被人重视、被人欣赏，那种愉悦洋溢在脸上。而没有收到文章的同学会有失落感。一位三年级学生留言：我此时好难过，还很失望。就连我最好的朋友也不写我，我好孤独啊！希望大家下次能写我。（感慨型）

还有同学留言：为什么没人写我，难道我做错什么了？（自我反思型）

文章如果没有读者，作者就不会更加发奋；如果没有掌声，舞台就不会更精彩；如果没有交流，写作将枯竭难产。在这种相互欣赏中，学生享受到表达的满足感与快乐。

## 二、充满童真的回音

看了学生的评价，我们发现他们的交流是平等的、友善的。评语中不乏鼓励和欣赏，还充满了童真。

周同学写给诗琪的《快乐精灵》，周评价："谢谢你！收到你的文章，我很感动！你写的是我，我写的竟也是你，你收到了吗？你收到一定很开心吧！"

晓彤写给同学小何的《数学小神童》，何评价："没想到我在你眼里那么完美，谢谢你写我。其实我有个别方面不太好。"

小曾写给蔡同学的《蔡司令》，蔡评价："写得很好，谢了老兄弟，竟然把我写成将军。"

诗琪写给小邹的《热心肠》，小邹评价："谢谢你，没想到你让我在这么多人中脱颖而出，你写的每一句话，都让我感觉到你的认真。我真希望你能一直过得美好！"

芷瑶写给欣怡的《热心肠》，欣怡评价："你写得又详细又好，而我写得特别短，对不起你啊！我今晚要重新写，明早给你，你还要评价啊！"

## 三、拉近心灵距离的回音

当淡化评价，特别是教师评价时，学生更喜欢选择同伴作为读者。

同伴作为读者，他们更看重的是那份存在感、被重视感，以及写作者有没有把话说清楚、说明白。从这些读者回音中，我们发现，习作的交际功能得到了充分的体现。读者回音是对习作过程和结果的一种反馈，有效的反馈是保证学生主动学习的动力。

但有时写作者与读者之间会存在偏差，例如以下读者回音：

"你写的看上去是在表扬我，但我发现你上面写的是在笑话我，我有些生气。"

"你写的每句话都让我感到很甜，不过我不是吃货。"

"谢谢你写给我的作文，我很感动，说实话，我以前是踢过足球，但听你说你不会踢球，我就撒了谎，说我也没踢过球。但我喜欢的是跳绳，不是足球。"

一位真正具有读者意识的写作者不应该一味地迎合读者，我们应鼓励学生多与读者对话，在对话、沟通中，让双方的认知世界、精神世界更加契合。

综上所述，读者式的情境支架有助于把学生语言、表达的欲望、表达的感觉诱导出来，设计符合读者需求的读者支架、文库支架，采用多元读者的方法迁移支架，训练表达，帮助学生形成一种表达习惯、范式，这对培养学生的核心素养起到至关重要的作用。随着这些习作支架的不断积累与内化，慢慢地，学生不用支架这个"助手"，也能出色地完成写作任务。

# 第六节　效果与反思

通过课题实验，我们发现，采用读者意识进行习作，学生构思的时间明显缩短，能够很快进入写作；学生行文速度快于对照组，习作更流畅；这对平时习作水平较低的学生成绩提高更明显；学生的习作更加真实、更加有个性。

## 一、习作的速度

对比采用读者意识（实验组）与传统式（对照组）两种方法对学生习作的影响，我们发现，学生在写景类的文章中，习作速度差异不显著，对照组的学生认为更好发挥，而在写人、叙事的文章中，实验组的写作速度明显快于对照组。但在学生行文的过程中，实验组的学生落笔速度明显快于对照组，学生在明确完题意后就能进入习作状态。从结果上看，实验组中，平常习作在班里处于较差水平的学生在14分钟内能写到380字左右，最差的在33分钟内也能写到400字以上。

在小学阶段，写人、叙事是小学生习作当中的"老大难"问题，这类文章以小学生的记忆为前提，而小学生的记忆和回想具有自身的特点或者说是年龄的缺陷，这导致他们对纪实习作不自信、兴趣不高。它并不像写想象习作那样，只要合情合理，学生怎么天马行空都可以。可透过读者意识，学生在讲述一件事或是介绍一个人时，都要面对活生生的对象，自然就有了表达的需要，也就是为什么要写。心理学研究表明：当学生的书写速度与大脑内部语言思维速度相匹配时，心里想到的东西就可以通过手写出来。而读者意识恰恰找到了学生大脑内部的语言思维，因此学生能迅速破题、行文。

## 二、习作的品质与个性

以《美丽的校园》这一习作题为例，对照组的文章语言流畅、优美，想象丰富。大部分学生会不约而同地选取校园里的花、草、树、操场等景物。乍看一下，这么美的词句很夺教师们的眼球。可细想一下，这些优美词句似乎放在哪所学校、哪个公园、哪个地方都合适。就如学生描写的大榕树，我们在哪里看到的大榕树都可以想象成"向人们点头问好"，学生只需移花接木，就能把它套用在许多文章中。有的学生写着写着，就暴露了自己，什么菊花、小白兔也搬到了学校，因为我们学校根本就没出现过这些；更离谱的是，学生写着写着，竟然把南方学校的冬季也安上了"下雪"的名堂。在对照组的文章中，我们看不到学生自己，他全然不知道学校也有自己的影子。学生找不到自己，更看不到读者，自然只能选取一些"死"的物体，挖空心思地把它美化。

而在实验组，我们发现，学生在写这类文章时，语言平实，形式多样，内容丰富，充满生趣。有的学生把自己当作小导游，有的采用销售的口吻，有的像写广告，还有的直接就给家长写信。在内容的选取上，学生从学校文化、开展的特色活动、校园设施、教学环境、教师教学风格以及同学间的人文关怀等方面取材，学生通过对话把话匣子打开了，还加入了自己的生活体验和生活积累，使文章充满了生命气息，写得生动有趣。

### 三、习作的兴趣

实践中,我们发现,实验组的学生写起来更快乐,特别是以读者意识素材为题的文章对学困生的帮助效果显著。完稿后采访这些学生,问其为什么能写这么长,他们反馈说:"因为有话说呀!"

这种快乐感主要是因为读者意识使习作的门槛降低了。传统的习作教学中,教师对学生的习作人为拔高,指导习作时强调开头要怎样引人入胜、结尾要怎样意味深长、中间应怎样具体等。这样,学生习作的积极性、欲望、思维被压制了,本来就无内容可写,被这么一限制,更觉得无话可说,自然要去编、套、抄、一味模仿。而在读者意识素材的习作中,学生写文章就是在对话,无疑把习作要求降低到学生的最近发展区,激发学生说话的欲望,有利于培养学生的习作兴趣。

第三章

---

# 读者驱动下的习作训练

写作能力是语文素养的综合体现，提高学生的写作能力是语文教学的重要内容。《义务教育语文课程标准（2022年版）》要求：小学中、高年段的课内习作每学年要完成16次左右。可仅靠课内习作练习来提高学生的写作水平是远远不够的。在"双减"这个时代背景下，怎样才能"提质增效"？读者意识为我们找到了写作的原动力——表达与交际。

　　课外练笔的目的：一是让学生运用语言，活用语言；二是表达、交际。很多有经验的教师采用写日记、周记、随笔等来加强训练学生的习作能力，力求通过量变来达到习作能力质的提高，从而弥补课内习作训练在量上的不足。可这些做法存在的弊端也是显而易见的：一是增加了学生的负担。教师布置学生每周完成一次或者几次练笔，学生写作文的机会增加了，但只有极少数学生喜欢写，大部分学生是应付交差。二是增加了教师的负担。每学期八个单元的课内习作批改是语文教师最繁重的工作之一，如果每周再增加一两次练笔的批改，工作量无疑加大了许多，毕竟一个班有四十多名学生，一一细批，耗时费力。渐渐地，不少教师干脆大笔一钩，写个"阅"字了事。这种没有读者交流的写作反而会打击学生的写作热情。

# 第一节 从读者意识理论看接力 作文中的四个关键因素

上学期，我们尝试用接力作文的方式进行课外练笔。全班采用自由组合的方式，每5名学生成立一个小组，每个小组共用一个本子，每周从周一至周五，每天由学习小组中不同的学生轮流来写，后一位同学要接上前一位同学的内容。练笔的内容是写想象文——微型小说。整整两个月，全班完成了13部小说，总字数126 360字，每部完整小说达到1万字左右，平均每人每周写一篇，每篇600字左右，这对于三年级起步作文的学生来说，收到了很好的效果。其中，是什么推动学生乐此不疲地投入到写作中去的呢？

## 一、读者驱动，写作的动力之源

写作是一种交流，是写作者通过自己的作品与读者或读者群进行交流的过程。接力作文中，每个写作者都要接上前一个写作者的内容，同时要考虑后一个写作者的接续。这就要求写作者具有语言交际性，能够考虑读者的反应和期待，用恰当的语言吸引读者的注意力和兴趣。这种方法让写作者与读者之间建立起高效的联结点，实现了有效的信息传递和情感交流。

接力作文的过程是一个不断思考、组织、表达的过程。每个接力的同学在写之前最期待看看前面同学写的是什么？自己能不能接上？怎样保持文本的连贯性和一致性？怎样符合文本的主题和风格？是不是能吸引更多读者？当他们在接力写作时，读者最关注的内容、故事情节、故事的切入点等都是每个接力者最想通过文字向读者交代或表达的。所以他们要合理组织语言材料，选择合适的词句、修辞等，使自己的语言清晰、准确、生动；另外还要用恰当的语气表达自己的想法和情感，增强自己语言的感染力和说服力。这就培养了学生的语言思维能力、组织能力和表达能力。

接力作文的内容题材应选择最适合中年段学生思维特点的想象文。因为课外练笔的目的如下：一是让学生运用语言，活用语言；二是表达、交际。学生写想象文是自己最擅长的领域，他们可以天马行空，有的放矢地组织语言。每篇接力作文基本都能达到五六百字，最多的写到1 011字。不仅如此，作为教师更高兴的是看到每天完稿的学生眼里闪耀着的快乐。可见，当交流的内容设定在学生最近发展区，会更容易诱发学生的写作动机，加上读者驱动，会让交流变得更便捷、更顺畅，交流的有效性得到提升，学生更容易体验到这种表达的快感和交流的成功感。

每天利用课前几分钟的时间，教师与全班学生分享精彩故事。每位学生所写的故事受到全组、全班的关注，故事一环扣一环，学生就像听电视连续剧一样。这时候，教室里总是激情澎湃的阅读声和专注的眼神融会在一起，让学生每天都充满期待。

## 二、多元读者，满足阅读期待

接力作文是一种有效提升学生写作能力的方法，它改变了传统作文的训练方式，学生独自埋头写作文，读者少，甚至只有教师和自己两个读者的局面，实现了从一元读者到多元读者的转变。组员间相互成为真实存在的读者，他们在写作前可以近距离了解读者的阅读期待。写作过程中，他们之间充分地交流，在选材、立意、谋篇布局、遣词造句等方面相互模仿与借鉴，可以激发他们的语言创造力，让他们在写作中尝试不同的风格、角度、语气等，以适应不同的读者和主题。这样可以增加他们的语言表达能力和多样性。写作后，写作者与读者间互相欣赏、比对，反思自己的写作过程和效果，这可以提高他们的语言分析能力和评价能力。

有个小组写的是《恐龙时代》。前面几章里，小作者们分别在恐龙时代寻找到金、木、水、火、土等宝贝，每个宝贝各写一集，故事情节有些相似，眼看着没东西可写了，这时候，组员们商量着把恐龙转入地球中的童话小镇。当采访整个小组时，他们说是想让故事的情节一波三折，这样可以使故事变得更有趣一些，引起读者的阅读兴趣。

还有一个小组在完成《戴娜梦游险境》这部小说时，发现前面几集与戴娜没有什么联系，于是小组成员讨论出两种解决方案：一是在前面几集里增加一些环节，让戴娜出现一下，为后面第六集的重逢埋下伏笔；二是直接捡现成的，第一、二集里，笔者和一个女孩闯关，当时这里只提了一次，之后就没再出现了，倒不如在这里给故事开一道口——第一、二集时不知道她叫什么，到第六集重逢时才知道，那个女孩就是戴娜。最后小组选用了第二种方案，使整部小说浑然一体、引人入胜，吸引了更多读者。

### 三、读者效应，形成写作共同体

读者是写作的灵魂，是写作的目的，也是写作的动力。学生在写作时，如果能意识到读者的存在，就会像磁铁一样被读者吸引，激发出强烈的写作兴趣。这里面蕴藏着无穷的学习资源与动力源泉。教师每天只需改9篇文章，利用课前几分钟的时间与全班学生分享精彩故事。学生的习作就像一枚枚火花，在最短的时间内点燃了广泛的读者。每位学生都成了写作者的忠实读者，他们边听边浮想，心痒难挠处，故事戛然而止，悬而未能破，大家都对后面的故事充满期待。而这极具挑战性的问题情境一下子激活了下一位接力的学生，让他从一名读者转变为写作者，写作兴趣陡然提升，思维突然激活，想象的翅膀肆意张开。这就是读者效应。这种读者效应对写作动机有着正向影响，可以提高学生的自主性、自信心和自我效能感。

《义务教育语文课程标准（2022年版）》提出："义务教育语文课程培养的核心素养，是学生在积极的语文实践活动中积累、建构并在真实的语言运用情境中表现出来的，是文化自信和语言运用、思维能力、审美创造的综合体现。"接力作文在读者效应的作用下，让学生进入真实的写作情境，进而完成作者与读者的身份互换。写作者身临其境地体会读者的阅读需要和心理感受。他们在写作时更自觉主动地站在读者的立场上，找到更加恰当的表达，并通过制造悬念、一波三折等写作技巧来吸引读者，使其产生情感上的共鸣。这些美妙的写作体验让学生品尝到写作成功的喜悦感。而成员间的相互探讨成为读者与写作者情感的连接点，使得接力作文持续不断地往下传递。

当学生接过前面同学的作文本时，也会拿别的同学的作文跟自己的作文对比，找出自己的不足。这还能带给学生一些紧迫感。有一次轮到一位女生写作，她拿到接力作文本时不知道如何下手。她觉得自己的阅读量太少了，技不如人会给自己队伍拖后腿。所以当晚她就立即进行阅读。虽然是临阵磨枪，但比以前积极多了。这说明接力作文能够激发学生之间的竞争意识和合作精神，也能够促进学生对自身能力和水平的认知和评价。

在读者效应中，不仅可以更好地诱发其写作动机，还有利于锻炼学生的人际交往能力和表达沟通能力。在一次接力作文中，轮到下一位同学写了。可那位同学因生病没有来学校。如果当天的接力落空，将会影响全组的积分。当天，组员商量着把这个接力作文本交给离她家不远的同学，让这位同学做一回小信差，带给生病的同学。这样，接力作文就能顺利进行。这反映了接力作文能够培养学生的责任感和团队精神，也能够增进学生之间的友谊和信任。

## 四、广泛读者，强化读者群

当然，学生在接力的过程中也不是每个小组都能一帆风顺的。有一位女生，她所在的小组除了她，全是男生。小组创作的小说是《宇宙未来》，她对这方面的知识了解得太少，以至没有什么共同的话题。

"他们写的我都不懂。"

"他们写的，我接不上来。"

"我怕写不好，给小组拖后腿。"

在有读者存在的作文接力过程中，如果不能与组内成员产生读者共鸣，这个接力是很难维系的。所以组内成员间的沟通、帮助、协调是常态。

### （一）巧借外力，疏通读者障碍

对学困生，教师要降低要求，用一双发现的眼睛去挖掘他们在接力作文里的闪光点，赏识表扬他们的每一次进步，只要有小小的一点进步，适当增加评星权重。这样的肯定能让他们在写作中感受到自己存在的价值，体验到成功的喜悦，增加写作的信心。

**（二）取长补短，打开读者群**

教师要引导组内写作能力强的学生帮助困难学生，每次交接本子时，由组长组织本组成员集体构思，这对打开他们的写作思路很有帮助，也大大降低了他们的写作难度。在文章写好后，他们会主动让组内一两名读者先看看自己文章中想说的话说清楚没有，修改好再交给教师。这样，接力作文就不再是个人的事，而是他们读者群的事。

接力作文给学生提供了自主写作的平台，学生的习作在最短的时间内获得广泛的读者，他们之间互相欣赏，享受成功。这不仅提高了学生的写作兴趣，还为每个学生的写作水平奠定了坚实基础，是"双减"中提质增效的有效办法。

# 第二节　学生作品

下面这部作品《恐龙时代》是三（3）班其中一组学生的接力作文，每集故事前都有自己创作、构思的意图。在每集的最后呈现的是"读者的回音"，教师以倾听者、读者的角色去赏析文章，给学生写作的动力支持。

## 第一集　认识恐龙

我在一次偶然的机会，来到了恐龙时代。来到这里后，你猜我看到了什么？不是大海，不是大树，就是一片空地。滴滴，下雨了？不，不是的。你抬头看看就知道了，是……让我看清楚点，是特暴龙！你猜我怎么看出来的？我从它的头和前肢看出来的。特暴龙的头比暴龙——霸王龙的头更纤细，前肢短小。我只是个没成熟的小樱桃，今天就要被大西瓜给吃了。正当我伤心的时候，嗷的一声响起，哇！我的救星来了，不用看是哪个救星，我就知道是戟龙—— 一种头上长最多角的角龙。它用自己六十厘米长的大砍刀——鼻子上的大角刺向特暴龙，特暴龙叫了一声，马上趴倒在地。哇！不愧是救星啊！

我在这时候马上就跑。哦，我看到了，一只黄色的小三角龙。哇！

一只小特暴龙来了，难道是刚才那只特暴龙的孩子来报仇了？哎呀，我现在成了大苹果的食物了，棒棒！三角龙叫了，我非常奇怪，恐龙不是有一个声音吗？三角龙叫完发出一种电流，小特暴龙马上趴倒在了地上。我转了几圈，小甲龙呷咕，小霸王龙咕哇，小冰晶龙晶晶，小食肉龙肉肉。哦，原来只要是小恐龙——未成年，它们都会有自己的名字、行动、性格等来确认自己的说话声音，它们还有自己的力量，真有趣啊！

今天只不过让大家认识了一些恐龙，下面还有更多精彩的故事，请看下集。

### 📝 读者回音

你们小组写的故事开篇很有趣，讲述了一个小朋友意外穿越到恐龙时代的奇妙经历。对恐龙的特征和行为描述得很清楚，情节生动有趣，能够吸引读者的兴趣和注意力。期待下一集有更多精彩的恐龙故事。

## 第二集　寻找恐龙

### 📝 续作者的声音

前面的同学光写认识恐龙不是很好，我来写写寻找恐龙吧，写得有趣生动一点。

上集我们认识了恐龙，但没有寻找恐龙，那现在我带大家一起去寻找恐龙吧！

我来到了异特龙的家，一进到这里，就看见了好几个异特龙蛋。忽然蛋壳裂开了，从里面蹦出来了几只可爱的异特龙，异特龙妈妈忽然看见了我，它以为我要抢走它的孩子，就怒气冲冲地向我冲过来，好像要跟我打一架。我看见了马上跑开，躲到一个隐蔽的地方认真观察，异特龙的眼部上方突出的骨骼可以抵挡强光，它们的前肢比霸王龙的前肢长一点，后肢肌肉非常发达。异特龙生活在侏罗纪，看起来凶猛极了。

我正想再看一眼，异特龙妈妈就要出来找食物了，发现了我，它的眼睛一直盯着，好像目标是我。我撒腿就跑，可没一会儿它又追了上来，我又加快了速度，我一边跑，一边喊道："别吃我啊，别吃我啊！我还小呢，并且我的肉也不好吃，别吃我，求求你了，大姐。"

说完，我跑得更快了，扑通一声，我掉进了河里，幸好我会游泳，不然就被淹死了。

我在河里得意地说："嘿，你来抓我呀！抓不到吧，你有本事就下来呀！"

它听了很生气，不过它抓不到我，只好走了。

我感觉我的脚被一个东西咬了，非常痛，潜水一看，竟然是萨斯特鱼龙正在咬我的脚，它长得跟海豚一样，我连忙游走，像一条鱼一样游回了岸边，全身都湿答答的。一阵风吹来，我冷得浑身发抖。

不久，远处有一只剑龙正在悠闲地散步，它身上长满了骨板，尾巴用于抵挡肉食性恐龙的攻击，威力相当大，被它击中会造成巨大的创伤。

我本来想逃跑的，不过逃跑时的声音太大了，引起了剑龙的注意，剑龙飞快地向我跑来，我绕了一圈又一圈累得直喘气，而且我的头也晕得不行了。

听见了动静，异特龙马上跑过来，萨斯特鱼龙也从河里探出头来帮剑龙，我的脚已经发软了。

不说了，我要想一个办法逃出这个危险的地方，下集还会更精彩哟！

### 读者回音

在这一集里，我感受到了恐龙时代的神秘和魅力，也体验到了冒险的乐趣和挑战。期待下一集还有更多精彩的恐龙故事。

## 第三集　逃离危险

### 续作者的声音

拿到梦瑜的手稿，她已经埋下了伏笔，就是要逃过恐龙的追杀，这引发了我本集的想象。

上次我们找到了恐龙，但还没有躲过恐龙，现在，恐龙又来了。

我赶紧往前跑，可发现自己不能动了，我已经成了它们的食物！呜呜，我哭着对它们说："别吃我！我，我还不够你们塞牙缝呢！我只是一个樱桃！别吃我呀，求你了，大哥大姐们！"话刚说完，霸王龙冲了出来。它刚站出来，就吓死了异特龙、萨斯特鱼龙和剑龙。你说霸王龙有多牛呀！

我刚想感谢它一下的，可没想到的是，它突然冲向我，直觉告诉我："快跑！它来吃你了！"

我相信了自己的直觉，赶快向前跑。霸王龙果然追了上来，我觉得它追我是因为它也想吃我。我快不行了……跑不动了。

我赶紧跳到草丛里躲一下，这次霸王龙的眼力好像有点差，我跳到草丛里的时候，它竟然没发现！就这样，我躲过了霸王龙的快速追赶。

草丛真是个好地方，可以躲避恐龙。我至少安全了，可我也不能一直跳在草丛里，所以明天一早我就去看看在这个鬼地方到底有多少恐龙。

说到底，我还是想早一点找到出去的门。快来看看吧，下一集更精彩。

## 读者回音

你写的故事很刺激，我很喜欢你的想象力，让我感受到恐龙的强大和小朋友的聪明、勇敢。期待下一集的故事。加油哦，你是个很棒的作家！

## 第四集 恐龙时代的小秘密

## 续作者的声音

当时我是这样想的：如果一直写在恐龙世界游荡、生活，有点没意思，干脆开始一个冒险，就像《心奇爆龙战车》里面的内容一样。

总算逃脱恐龙了，我得快点离开这个鬼地方。

走着走着，我突然不想离开这个鬼地方了。我现在想找宝藏了，"梆梆……"啊，是什么声音，鬼呀！哦，原来是小三角龙啊，吓死我了，吓死我了，不过它刚才好像在说找宝藏。

"呃，简单来说，就是找一个'时空旋涡'，传说它就在恐龙时代的望天树洞里。"我回复着小三角龙。

"梆梆……"又是这声音，好像在说："传说都能信？"

"能！当然能！因为我爷爷说过没看到的东西不代表不存在。"我肯定地说。

说完，我不再理会小三角龙，继续我的"寻宝之旅"。走啊走啊，突然一道刺眼的光芒射向我，是上古龙神！我真不敢相信自己能看到上古龙神！我觉得自己像来到了梦中的世界。

"望天树是个幻想，但只有找到六颗龙魂水晶，望天树才会出现，是金、木、水、火、土、光的龙魂水晶，有幻想的地方就有龙魂水晶。"

上古龙神刚说完就消失了。

"有幻想的地方就有龙魂水晶。"我说。

我把自己倒挂在树上，想倒着找幻想。我一会儿在巨蘑菇上，一会儿在巨蜗牛上，一会儿在腕龙的头上，就是没有一点幻想。

我走呀走，咕，咕，肚子已经饿扁了。有一艘船在那里，我便开船出海了。哗啦……哇！水里冒出了一个……一个……怪物。我看见船上有块石头，就抱起石头扔过去。石头不但没有砸到怪物，反而从怪物身上直接穿过去。这一定是幻想，我拿了一堆石头全部扔过去，怪物消失了，一颗水晶飘在空中，是水象龙魂水晶。我跳上去抓住龙魂水晶，摇了摇，它还在空中。我气死了，猛地一摇，总算下来了。

得到了一颗，真开心，希望下一次能找到另一颗。

### 📝 读者回音

这一集不仅展示了恐龙时代的神奇和美丽，也展示了小朋友的创造力和乐观心态。小作者的语言生动活泼，富有表现力，能够抓住读者的注意力。

## 第五集　恐龙时代寻宝记二——土象龙魂水晶

### 📝 续作者的声音

上一集姝媛写的结尾内容不是很明确，我当时就想，如果没有什么起伏的剧情，故事就不好玩了。

今天我又要去寻找龙魂水晶了，上次听上古龙神说，有幻想的地方就会有龙魂水晶。

我边走边想着，走着走着，觉得走进了一个万丈深渊的大洞里，"啊！"我这样喊着，"这实在是太令人兴奋了！"因为我进入了一个霸王龙的尸体里，但它嘴里的味道实在是太臭了，没来得及参观，我就连忙跑出来，身上到处都是湿答答的，臭死了。我赶紧跑到小溪边，一步一步小心地踩到石头上去清洗我这臭臭的身子。刚洗完，就感觉自己离地面越来越远。

原来这些石头是剑龙的脊背，我心里想着：剑龙大哥啊剑龙大哥，你可千万别吃我啊！我全身上下都是骨头，没有一点肉啊！而且我还不好吃，在你眼里我就是一条肉丝，还不够你塞牙缝的呢！

我已经开始幻想之后被剑龙吃掉的场景了。等我想完之后，果然剑龙就想转过头来吃掉我，就在这紧要关头，一颗土象龙魂水晶在空中闪烁着。我急忙跳上去，抓到那颗水晶，我长出了一对翅膀，逃离了危险。

真开心，我们已经找到第二颗龙魂水晶了，下一颗会是什么水晶呢？

### 📝 读者回音

这一集情节紧凑，有起伏。进入霸王龙尸体的兴奋、看到上古龙神的惊讶、找到水晶的喜悦，这些都能够激发读者的好奇心和紧张感。

## 第六集　恐龙时代寻宝记三

### 📝 续作者的声音

写到这里，我实在想不出来该怎么写了。可联系了上一集作者的文章，又联系了前几天看的电视，就想到了这么写。

上次我们找到了土象龙魂水晶，这次我们还要继续寻找龙魂水晶，这样才可以让望天树出现。

我慢吞吞地走着，远处就传来了一阵恐惧的声音，我跑过去一看，竟然是上次那只可怕的异特龙，它看见我就冲上来，好像要向我报仇似的。我吓得尿都要出来了，就马上跑开，可跑不过呀！眼看马上要被它吃了，后面忽然来了一只角龙，角龙向异特龙冲过来，用自己非常大的声音吼，好像在说："别伤害人类，他们也和我们一样，只有一条生命。"说完，角龙就让我坐在它的背上，冒着危险带我逃跑。角龙虽然甩掉了异特龙，可它自己受了伤，那鲜红的血一直流下来，角龙马上就倒在地上了。不知为什么，我的眼泪一直往下流，落在了角龙的伤口上，角龙的伤口马上就好了起来。我想：是不是上帝被这只善良的角龙打动了，然后把它的眼泪传递给我，伤口就好了。

角龙慢慢地醒了过来，看见我没事，脸上就露出了笑容。角龙的肚子咕噜咕噜地叫，应该是饿了吧。我马上去了有小树的地方把树叶摘下来，没一会儿就摘了许多树叶。不过我全身都是汗，臭烘烘的。角龙看见我拿了许多树叶回来给它吃，高兴极了。没过一会儿，树叶便全被它吃光了，可它还是饿，我辛辛苦苦摘的树叶那么快就没了，过了很久，我终于把它给喂饱了，累得动不了了。

远处又有一个粗大的声音，比我爸爸睡觉时打呼噜的声音大多了，我一看是霸王龙正在寻找食物。我和角龙害怕极了，吓得吐白沫了。

霸王龙看见我们，就向我们冲过来。角龙马上把我放在它的背上。就在这个时候，树上好像有一个东西在闪，原来是一颗光象龙魂水晶，我说："角龙，你先跑，我来解决。"角龙听了，马上跑走了。我马上爬上那棵树，就在霸王龙把树摇倒的那一瞬间，我终于拿到光象龙魂水晶，于是我长出了一对翅膀，那翅膀发出了强光，刺得霸王龙的眼睛疼，霸王龙再也不敢来这个地方了。

看，我们已经找到了第三颗龙魂水晶，真开心呀！下一颗会是什么龙魂水晶呢？敬请期待吧！

### 📑 读者回音

这一集情节惊险刺激，在危急的时刻找到了一颗光象龙魂水晶，并且长出翅膀飞走了，这增加了读者的兴趣和紧张感。

## 第七集　恐龙时代寻宝记四

### 📑 续作者的声音

当时我就想，像《斗龙战士》里面的三个事物一样，水、土、光的龙魂水晶已经找到了，接下来要写什么呢？

获得光象龙魂水晶真不容易呀，现在我们有了三颗龙魂水晶，我特别高兴，蹦蹦跳跳地唱着歌。

走着走着，走累了，我就坐在石头上休息，拿出三颗龙魂水晶，像看到宝贝一样地看着。"啪！"三颗龙魂水晶合体成了个斗龙手环。据说恐龙时代后期会有一些奇怪的恐龙，但只有集齐了三颗龙魂水晶才能合成斗龙手环。哦，原来上古龙神是在帮我。传说斗龙手环的光一射到那些恐龙就会说出它们的属性、名字、什么形式和必杀技。我像见到一座黄金山似的。我的天哪，上帝竟然对我这么好。

"你是谁？"我正想着，忽然一个声音响起。

"哀鸣龙，"我的斗龙手环响了，"属性：火，宝贝龙形式，必杀技：哀鸣火球。"

必……必杀技？我吓得瑟瑟发抖。它不但是宝贝龙，样子也很奇特：头上长着许多海马嘴，鼻子是勾起来的。

"天下无双的雷古曼来也。"我吓得不小心按到一个按钮，一个东西出来了。

"雷古曼，"斗龙手环又响了，"属性：火，宝贝龙形式，必杀技：响雷火球。"

哈哈，我的救星来了。

"响雷火球！""哀鸣火球！"双方发动了攻击，"轰！"两个火球撞在一起炸了。啪啪，两人打起来了，你一拳，我一脚；你一脚，我一拳。"啪"，哀鸣龙摔倒了。"响雷火球"雷古曼趁机发动攻击，"轰"，哀鸣龙被炸成了灰，一道刺眼的光出现，是火象龙魂水晶，我又得到了一颗，现在已经有四颗了。下一集会得到什么龙魂水晶？

### 📝 读者回音

你的作文写得很生动，情节紧凑，引人入胜。你的想象力很丰富，语言也很流畅，各种招数悉数入场，增加了读者的好奇心和紧张感。我很期待你的下一篇作文，希望你能继续努力，写出更精彩的故事。

## 第八集　恐龙时代寻宝记五

### 📝 续作者的声音

看到前面的同学都在写龙魂水晶，而且当时我也在看恐龙方面的书，所以就顺着大家的思路写下去了。

我们已经有水、土、光、火四颗龙魂水晶了，再找到另外两颗，望天树就会出现了。我们今天就来寻找木象龙魂水晶吧。我戴着斗龙手环，慢慢地走着，边走边想：木象龙魂水晶会在哪里出现？该不会是从木头里出来的吧？

正想着，忽然一个很大的声音从远处传来，比大象和蓝鲸的声音加起来还大。我的斗龙手环响了："木他龙，属性：木，奥曼龙形式，必杀技：木他攻击。"

斗龙手环刚说完，木他龙就看见了我，向我冲来。我赶紧跑，可要知道，恐龙比我跑得快多了，我跑不过呀！

就在这时，我的救星来了，它是雷龙，属性：火，宝贝龙形式，必杀技：雷龙火珠。

木他龙和雷龙开始了一场战斗。雷龙火线和木他攻击，我看见它们战斗得很快，不一会儿雷龙就被打败了。

这时木他龙又向我发动攻击，我躲到草丛中，忽然木象龙魂水晶出现了，我一跳，用力一摇，龙魂水晶掉了下来。我拿到了木象龙魂水晶，长出翅膀飞走了。

我终于拿到第五颗龙魂水晶了，今天可真累呀。下一集会是什么龙魂水晶？

### 📧 读者回音

延续前面同学的寻宝之旅，你的语言流畅，写出了遇到木他龙的惊恐、小朋友和雷龙的配合、找到木象龙魂水晶的喜悦，让读者感受到了你的机智果敢。

## 第九集　恐龙时代寻宝记六

### 📧 续作者的声音

前面几集的情节都比较相似，出现的必杀技十分普通，有一个必杀技是出自《斗罗大陆》，如果没有什么变化，那也不能引起读者的兴趣。之后，我对剧情做了个大转弯，这样情节变得更有趣了。

上次我们找到了木象龙魂水晶，今天我们只要找到最后一颗，就可以找到望天树了。

我戴着斗龙手环去寻找光象龙魂水晶。真希望有一只龙来这里，这样我就可以用我的斗龙手环来召唤最厉害的龙了。真是说曹操，曹操就到啊。这时，我的斗龙手环再次响起："水晶飞龙，属性：水，发怒形式，必杀技：水晶之刺、万剑归宗。"

我的斗龙手环响后，水晶飞龙和霸王龙就要一决高下了！好激动，好激动，水晶飞龙一直在天上飞翔，就算要打到水晶飞龙，它也是可以轻松走位。而霸王龙此时已经被我的水晶飞龙打得落花流水。哈哈哈，现在霸王龙已经一败涂地了，我已经占了上风。就在此时，一颗闪闪发光的圆珠在向我闪烁，那是光象龙魂水晶。

这时一个声音响了起来："你还要在童话镇找到克里斯芬王子和艾米公主，他们可以帮你召唤出望天树。"

"啊，原来是上古神龙，可是上古神龙你就不能早点说吗？"我把上古神龙臭骂了一顿，生气极了。接着上古神龙又开口了："可是他们被囚禁在邪恶女巫的黑暗城堡里。"

上古神龙说完，我就被卷到了时空隧道里面……

请看下一集《初次来到童话镇》。（剧情又有了新变化）

### 读者回音

很高兴看到你们小组在终结了恐龙时代的寻宝之旅后，情节有了突破和创新，以上古神龙的指引，去童话镇找到两个人——王子和公主，从而召唤出望天树。很期待你们小组的精彩故事。

## 第十集 初次来到童话镇

📝 续作者的声音

本来写得好好的"恐龙时代寻宝记"，罗欣怡突然一个拐弯，要到童话镇，还把我的题目取好了，我当时是又生气又着急。我想：不是还有金象龙魂水晶没写吗？于是我写了一篇结束"恐龙时代寻宝记"的作文。

通过时空隧道，我来到童话镇。这天怪怪的，看到了黑暗城堡，我就走过去。

"哈哈哈，"一个声音响起，"你来找公主和王子吗？先打败我的小宠物吧！"

说完，一个东西出现在我眼前，它有牛尾、虎爪、狮头、牛角和鹰翅。

"焰金龙，"斗龙手环响了，"属性：金、火，恶龙形式，必杀技：金刚怒目。"

"看起来好威武。"我不禁赞叹道。

我笨不笨，看到这样的东西还不快跑，它跳得好高，一下就跳到我面前，哇！刹不住车啊！它从我身边过去，到我身后。

"焰金龙，你……你突然到后面来，你是想干什么？"我问着。

"嗷！"它叫了声，朝我扑过来。

"哎呀！好痛啊！焰金龙！你别顶我啊！"我大喊着。

我的速度马上提升，如风那样跑着，前面有一棵树挡着，怎么办？唉，不管了，直接冲了过去，"轰！"树被我冲断了，可是它还是穷追不舍，怎么办？呜呜！我的屁股好痛。

"水怪龙，"突然一个东西出现，我的斗龙手环响了，"属性：水，是龙虾的DNA，必杀技：水冰冻。"

"金刚怒目""水冰冻"撞在了一起，"轰！"水冰冻穿了过去，"烈火灼烧"还是被击穿了。焰金龙被困住了。

"哈哈！金能生水，水会变得更猛，且水能克火。"我说着。

"轰！"焰金龙炸了，变成了金象龙魂水晶。

总算解决了。下集更精彩。

### 读者回音

这一集开启了童话镇的冒险经历，情节奇幻，引人入胜。主人公遇到了邪恶女巫的小宠物——焰金龙，一个强大的金火属性恐龙，它用斗龙手环召唤了水怪龙，一只强大的水属性恐龙和焰金龙打了一场，最后获得了金象龙魂水晶。你的想象力很丰富，很期待你的下一篇作文，希望你能继续努力，写出更精彩的故事。

## 第十一集 打败女巫

### 续作者的声音

我想女巫的小宠物被打败了，还有女巫没被打败，于是这集我打算集中笔墨，打败女巫，救出公主和王子。

总算解决了这个可恶的家伙，可是我发现女巫的表情已经慢慢地在变化。啊！情况不妙，快点跑啊！

忽然女巫用墙壁拦住了我，说："别想跑，刚刚太简单了，你有本事跟我比吗？"

我大声喊道："有，那如果你输了，就把克里斯芬王子和艾米公主交出来。"

"我输了，就会消失的，公主和王子就会出现的；但你输了，就再也别想见到公主和王子。"女巫说。

"谁怕谁，有本事你就过来呀！"我大胆地说。

这时，女巫使出了她的黑暗光。还好我眼疾手快，不然就被打得落花流水了。女巫一使出她的黑暗光，我就跑和躲，现在，女巫被我耍得团团转了。

女巫火冒三丈地说："这些是失误，我没有把握好，再来一次。"

这次，女巫趁我没注意，又使出了黑暗球，还好，当时我手上正拿着一把椅子，用椅子挡住了。"轰"的一声，椅子破了，这个力量可真大呀！但没伤害到我。女巫大发雷霆了，整个房子都抖了一下。我心里慌了起来，不过为了救公主和王子出来，我又振作了起来。

最后，女巫决定使出必杀技，女巫说："这个必杀技可厉害了，你要小心，别被我攻击到了。"

在女巫说话时，我就从书包里拿出水喝，女巫看见我不尊重她，就直接用了必杀技。我马上闪开了。不过闪开的那一刻，水不小心洒到了女巫头上，女巫的声音好像变小了许多。

"你……干吗……要……用水……泼我……我……会……消失的……"女巫说完就不见了。忽然，克里斯芬王子和艾米公主出现了。耶，我成功了。

那王子和公主会不会帮我们实现愿望——让望天树出现呢？如果出现了，那会发生什么呢？下集揭晓答案。

📝 **读者回音**

你的作文写得很惊险，情节紧张。在遇到了邪恶女巫时，主人公用自己的机智和勇气与女巫打了一场，救出了克里斯芬王子和艾米公主，为接下来成功召唤望天树埋下了伏笔，紧紧地抓住读者的好奇心。

## 第十二集 望天树出现

📝 **续作者的声音**

当时我觉得上一集已经打败了女巫，如果继续制造情节让望天树出现已经没意思了，而且读者会产生视觉疲劳，所以干脆在这集让望天树出现。

呼，女巫终于被打败了，王子和公主也找到了。王子和公主对我说："要想让望天树出现，要满足我们的三个要求：第一，你要把我们送回皇宫；第二，你要帮我们找到一只红色的兔子；第三，你要帮国王做一件事，你能做到吗？"

"不会吧，这么多，"我回答道，"我相信自己能做到的！"

我先做了一辆车，让王子和公主上车。我做司机把王子和公主送回了皇宫。接着我又去森林里抓了一只红色的兔子回来。

"尊敬的国王，请问你要我做什么呢？"我大声地问。

"你现在只要去森林里拿到六颗龙魂水晶，望天树就会出现了。"国王大声说道。

我说："那太好了，我已经得到了六颗个龙魂水晶了！"

国王把那只红色的兔子、龙魂水晶和斗龙手环合在了一起。"望天树出现了……真的出现了。"我一蹦三尺高，非常高兴。

望天树树洞洞口，上古神龙在我面前出现了，它对我说："你进去之后，一定要小心，里面会有很多奇怪的东西，千万别去碰，不然，你就永远回不到现实了！还有，你进去以后会像刚刚来到恐龙时代一样，你千万不要从头开始，不然你也永远回不来！进去以后，你一定要记住自己是谁，然后找到六只属性是金、木、水、火、土和光的恐龙就能成功回到现实。"说完，上古神龙就不见了。

那在里面会发生什么神奇的事呢？下集答案揭晓。

### 读者回音

这一集语言简单明了，清楚地描述了望天树的出现和上古神龙的指引，情节简洁明快，能够快速地结束寻宝之旅，引出新的冒险。加油哦，你是个很棒的作家！

## 第十三集　创造奇迹的炽焰奇兵

### 续作者的声音

真没想到这次接到的又是新的一篇，这时我想到了《魔幻陀螺》里的故事。

望天树总算出现了，今天让我们进入时空旋涡吧。

我来到望天树前，这是我见过的最高、最大、最粗壮的树。可我该怎么上去？我灵机一动，有了！我拔了一根长长的树藤，绑住两棵树，再拉着树藤后退，"哇哇哇！"我如箭似地飞上了天，刚好飞到了时空旋涡里面。

进了时空旋涡，这里面有许多铠甲恐龙。这儿的恐龙、猛兽其实是陀螺里的圣兽，只要和它产生共鸣，它就会跟着你。战斗时会转化陀螺形态，自己的身影会出现在半空中。

"嗷！"一个圣兽出现在我面前，是炽焰奇兵，看"炽"和"焰"两个字就可以知道是火属性的，也是一种速度很快的圣兽。"轰！"那边炸了，怎么回事？

我走过去，原来是一只搞事龙——绝域深蓝，攻击力超强的一种神兽，"呼"，一阵风把我们卷到了一个地方，这是战斗空间。

"嗷！"哇！有好戏看了。炽焰奇兵和绝域深蓝化为陀螺形态。"铛！""铛铛！"比赛才刚开始，它们便撞来撞去了。"铛！"炽焰奇兵把绝域深蓝弹了过去，可绝域深蓝却反弹了回来。"啪！"炽焰奇兵的两枚陀螺被撞了出去，我看着瑟瑟发抖。突然，斗龙手环的光朝炽焰奇兵射去。

"我明白了，我的斗龙手环是火象，而炽焰奇兵是火属性，二者产生共鸣了！"我大喊。

"铛！"绝域深蓝来了。

"炽焰奇兵，撞走深蓝一号！"我说着。

炽焰奇兵听从我的命令，飞过去，撞向深蓝一号。绝域深蓝又来了，朝炽焰奇兵冲去。

"在只有一枚陀螺的情况下，只能借力打力了。"我想。

"炽焰奇兵连环撞击。"我大喊着。

炽焰奇兵猛地撞过去，再闪开。"铛！"深蓝一号、二号被撞出场外。忽然炽焰奇兵的旋转力在减弱，撞到边缘翻转了陀尖，变成游走突击形。

"虎啸音波！"我大喊。

"铛！"绝域深蓝输了。我觉得炽焰奇兵成神了，竟然能以一敌四。忽然，炽焰奇兵变成了一只可爱的小老虎。绝域深蓝因为被打败，所以成了我的小恐龙，它变小了，成了一只手中拿剑的小恐龙。斗龙手环和炽焰奇兵、绝域深蓝产生共鸣，形成一级水象斗龙手环。

耶！这次得到了两只小恐龙，那下集会是什么呢？

### 读者回音

你的故事语言生动，有形象的比喻、描写和对话，能让读者感受到故事的氛围。人物聪明勇敢，能够展示出对圣兽和神兽的挑战和胜利。你有小作家的潜力，加油！

## 第十四集　创造奇迹的光明骑士与奇兵

### 续作者的声音

这段时间，我很喜欢看《斗罗大陆》，于是我打算仿照里面的一些技术和人物来续编我们的故事。

上集我们讲到了炽焰奇兵打败了深蓝一、二、三号，真是太高兴了！

这次又会和哪种圣兽产生共鸣呢？我这样想着。忽然我见到暗黑女王带着暗黑使者和黑暗之龙来到了这里。这次她肯定是来找我算账的，我心里这样想着，有一种不好的预感。不一会儿，暗黑女王用自己的法力将我捆了起来，让我臣服于她。

暗黑女王哈哈大笑起来，说道："只要你臣服于我，我就放了你，不然新账旧账一起算。"

"好啊！那就新账旧账一起算。反正我是绝对不会臣服于你的，不服就来战一场！"我不甘示弱地说。

"可以呀！那这一战就是生死之战，来决一死战吧！你输了就得臣服于我；如果我输了，就变成你的光明圣兽。"暗黑女王说。

"那你都这么说了，就不要废话了，开始吧！"

战斗空间开启了，我把光明女神连同光明骑士与光明骑兵一起召唤出来了。骑士与骑兵一共五十万大军。我和光明女神一起飞到战斗空间的上方指挥着。这时我们两个异口同声地说道："全军出击。"

我的五十万大军已经出击了，这时我和光明女神念起咒语："光明伟大的神啊！请赐予我力量，六翼天使、审判之剑。"

"暗黑女王啊，今天就是你的死期，受死吧！"光明女神说着。

战斗结束了，现在它们已经产生共鸣了，形成了二级光象斗龙手环，等形成三级斗龙手环就可以升级为斗龙水晶项链了。

下集会发生什么呢？

### 📖 读者回音

这一集在时空旋涡的冒险经历写得真好，故事结构清晰，有开头、发展和结尾，能吸引读者的注意力。你的故事语言简洁，有明快的句子、词汇和标点，能让读者感受到你的活泼和乐观。

## 第十五集　创造奇迹的黄土奇兵

### 📖 续作者的声音

看完上一集，我想：既然暗黑女王被打败了，成为我的光明神兽后，肯定还有别的坏人，但小组成员都想尽快完结这个故事，进入另一个故事的创作，于是我来完成这最后一篇。可我越写越长，忍不住在结尾处又埋下伏笔，留下悬念。

暗黑女王终于成了我的光明神兽，现在她只能听我的指挥了，真开心！

我继续向前走，走着走着，我发现自己来到了沙漠里。我又渴又热，还好书包里有一些水，我一下就把水都喝完了，一滴也不剩。可走了一会儿又渴了，已经没水喝了，很快我就晕了过去。当我醒过来时，发现自己处在一个陌生的地方。我慢慢地坐了起来，就在这时，传来了一个又大又可怕的声音，抬头一看，是一只三角洲奔龙，它说："你醒了，肚子应该饿了吧？快来吃点食物。"

我说："好的。"

我以为是大餐，结果一看餐桌上摆着的全部都是绿绿的青菜，一块肉都没有，便扫兴地说："怎么全都是青菜呀！"

三角洲奔龙轻轻地说："你坐错桌子了，这是我的桌子，那张桌子才是你的。"

我慢慢地走过去，这桌菜真是让我大吃一惊啊！全是生肉，我赶紧大叫起来："生肉怎么吃吗？吃了牙都掉光了。"

三角洲奔龙又说："你怎么又坐错桌子了，那是明天的菜，第三张才是你的桌子。"

我半信半疑地走过去，看见桌子上摆满了各种各样的美食，我的口水流得都快要变成河了，马上狼吞虎咽地吃了起来。桌子上的东西一分钟就被我吃得精光了，吃完我正想去找三角洲奔龙，就听见了一个又粗又大的声音，三角洲奔龙跑过来说："特暴龙来了。"

我勇敢地说："别怕，我来保护你。"

于是我就开门了，特暴龙说："你是谁，为什么在这里？"

我说："我是谁不重要。"

特暴龙吼了一声说："你敢这样和我说话，看我今天不打死你。"说完，特暴龙就让自己的主人出来。

原来特暴龙的主人是柠檬女王，是很坏的。还好我认识黄土女神和黄土骑兵，柠檬女王说："终于找到你了，黄土女神，今天你逃不掉了。"

黄土女神大声说："别得意得太早，你趁早消失吧。"

"去死吧！"柠檬女王说。

还好，黄土骑兵反应快，用防御盾挡住了柠檬女王的攻击。柠檬女王气得无话可说了，只好让特暴龙攻击我和黄土骑兵，这样，就没人打扰她与黄土女神决战了。

可不一会儿，特暴龙就被我和黄土骑兵耍得团团转，晕倒在了地上。柠檬女王气得半死，她说："如果我输了，就变成柠檬，做一只柠檬精灵。"

"那你输定了。"我说。

忽然柠檬女王使用了大招，黄土女神也叫上了黄土奇兵使用大招。"轰轰轰！"黄土女神和黄土奇兵的大招把柠檬女王打败了，成了黄土女神的精灵，可黄土女神不要，就送给了我，真开心呀！

现在，我的斗龙手环上已经显示是三级土象斗龙水晶项链了，等到四级，就可以升级为斗龙水晶头饰了，下集会发生什么呢？

### 读者回音

我看了你写的故事，觉得很有创意和想象力，也很有趣、很精彩。你的故事结构清晰，人物鲜明，情节紧凑，语言生动，让人读起来很投入。

## 第十六集　大结局

斗龙手环升级成土象水晶项链，真开心！我刚要走，突然一只巨龙出现了。

"冰封堡垒，"我的斗龙手环响了，"属性：水，形态：钢铁暴龙，必杀技：洌水冰方。"

"嗷！"冰封堡垒朝我扑来，我撒腿就跑，正要把炽焰奇兵叫出来，但在五行中，水能克火，炽焰奇兵不可能是冰封堡垒的对手，怎么办？对了！还有绝域深蓝。

"我来也。"绝域深蓝来了。

"哼！区区一只宝贝龙，敢来跟本龙作对，未必太小看我了，洌水冰方！"冰封堡垒发动攻击了。在绝域深蓝周围出现了水圈。

"缩小包围圈。"冰封堡垒说。

水圈变小了，绝域深蓝回到了我的斗龙手环里，冰封堡垒变成了水团朝我冲来，撞到了斗龙手环，斗龙手环冒烟了。不好，冰封堡垒是水象，斗龙手环是土相，土能克水，斗龙手环会……"轰！"爆炸了。突然一个哨子出现在我的脖子上。

"这是什么？"我问。

"这是属性为金、木、水、火、土、光、风和暗的斗龙号角，本来四级是斗龙水晶头饰，但土和水相互融合，所以形成了斗龙号角。"上古龙神突然出现说。

一个东西出现，是时空隧道。我走了进去，回到了人类世界。

在恐龙时代虽然遭遇了许多危险，但也见到许多小恐龙，真舍不得它们。

📝 **读者回音**

这个结局简洁明了，很有意义，表达了你们对恐龙时代的留恋和对人类世界的归属感。祝贺你们小组完成了这部短篇小说。整个故事创意独特，有神话、科幻、童话等不同风格，能让读者感受到你们的想象力和创造力。你们是非常棒的作家！

# 第三节　豆子日记

　　小学中年段的学生最明显的心理特点是自我意识萌发并逐渐增强，因此，在此年龄段注入语者意识是最有效的。同时，这一阶段的学生对习作充满期待，而通过豆子观察日记，给学生找到了说话的对象，又伴随着观察物体的变化，学生很容易对这些物体赋予感情，并真情流露。

### 3月3日　星期日　小雨

　　上个星期，林老师手拿两盒豆子，让我们种下豆子，并给豆子起个名字，我给我的豆子起了个名字叫"福豆"。

　　我选的是几粒绿豆种子。绿豆种子硬硬的、圆溜溜的。我寻思着：那么硬的豆子，能长出叶子吗？老师开始教我们怎么种豆子了。先拿一个一次性杯子，再把一张纸巾铺平放在杯子底部，然后放豆子，再往纸巾上浇水，呈湿润状态就行了。我按老师的方法做了，静等种子发芽。

　　第二天，我看到种子胖了一圈，感觉皮要撑破了。放学的时候，我把这一发现告诉了妈妈，妈妈说："这是种子生长的迹象，很快就要发芽了。"又过一两天，我发现绿豆长出了白色的小芽，我开心极了，我的"福豆"终于发芽了。

　　现在，绿豆的芽更粗更高，还抽出了两片绿叶，已经有7厘米高了。我多想把它移栽到家里的花盆里，让它吸收更多的营养，更茁壮地成长。

（学生：云天）

📑 **读者回音**

这篇日记记录了小作者在学校种豆子的经历和感受。从选豆子、种豆子、看豆子发芽到想把豆子移栽到家里，小作者用第一人称描写了自己对豆子的期待、惊喜、喜悦和爱护。文章充满童真、童趣，传递了一种积极向上的生活态度。

### 3月3日 星期日 小雨

今天林老师给每位同学几颗种子。我领到的是红豆、绿豆、黄豆、黑豆、眉豆。我把一张干净的纸巾塞进透明的塑料杯里，放点水，让纸巾保持湿润，然后把这些豆子放在纸巾上，等待着一周后种子发芽。

两天后，这些小豆子就吸饱了水，它们都在积蓄能量，准备发芽。第二天，绿豆宝宝就探出头来。其他种子无动于衷，就是胀胀的。过了两天，红豆宝宝也发芽了，同学们都说我的那两颗红豆是神豆，他们的红豆都没发芽，就我的发芽了。又过了两天，所有的豆子都发芽了，其中绿豆发得最好。豆子的芽有的弯弯曲曲的，像烫过的小卷发；有的成了一个圈，像一枚小戒指；有的又短又弯，像刚伸出壳的小蜗牛。

这就是我可爱的种子们，它们充满了活力，春天的活力。

（学生：梓祺）

📑 **读者回音**

小作者用生动的语言描述了自己在课堂上种植五种不同豆子的过程

和结果。文章的结构清晰，语言流畅，用词准确，有一些形象的比喻，如像烫过的小卷发、像一枚小戒指、像刚伸出壳的小蜗牛等，增加了文章的趣味性和可读性。

### 福气豆周记

开学，老师组织我们种下自己的新年种子。我为我的豆子们取了个名字——"福气豆"，因为我想让我们有福气、幸福、快乐。种下后，我开始幻想小豆子长大后的样子。

这周，我的绿豆兄弟开始长出小脚（茎），绿豆哥哥的脚长4厘米了，而绿豆弟弟也长3厘米了。绿豆兄弟可真喜欢把脚使劲向下拉，就像我小时候一样。过了两天，绿豆哥哥的茎已经长到7厘米，还长出了两片3厘米的小叶子。绿豆弟弟也不认输，茎长5厘米了，也长出2厘米的小叶子。

我日思夜想着豆子们，绿豆哥哥也没有辜负我的期望，它的茎绕成了个弯，像枚戒指一样的小脚刚好戴在我的小指上。我希望我的豆子能带给我们班快乐、幸福。

（学生：雨菲）

### 📑 读者回音

作者用亲切的口吻和生动的形象描述了自己种下绿豆的过程和心情，比如给绿豆起名字、把茎比作小脚、把茎戴在手指上等。文章的语言比较流畅，表达了对新年的期待和祝福，体现了一种积极向上的态度。

### 3月9日　星期六　雨天

这个星期，我的种子已经长叶子了，量一量已经有11厘米了！

由于天气的原因，我每次都是两天浇一次水，每次都带着它去感受大自然，可是老师不让我到一楼看大自然，所以我就常常带着它从二楼看看下面的大自然，有时也会带着它和走廊旁的花儿们聊天，花儿们都说等天气再暖和一点，人们就会看见我们的小宝宝了。

每次我都像和乌云争太阳一样，一有太阳，我就带着种子去晒太阳，可晒了没一会儿，乌云就抢走了太阳。每次没有太阳的时候，我都会和种子说："你要坚强，就算没有太阳，你也要坚强地活下去。"

每到周末，豆子留在学校时，我就特别想它们！我总是在想：会不会有太阳公公、雨云姐姐给你们温暖和水分呢？还有蝴蝶姐姐给你们跳舞吗？我有好多问题想问，就像《十万个为什么》一样多。

（学生：楚明）

### 📑 读者回音

小作者把豆子当作自己的朋友，关心它的生活和感受，让读者感受到作者和豆子之间的友谊和爱。文章的语言简单而生动，充满了童趣和想象力。

### 3月9日　星期六　阴天

今天，可爱豆1号长出了叶子，其他可爱豆也没让我失望！

除了可爱豆1号，其他可爱豆还没有脱掉重重的棉衣，来迎接炎热的夏天。可是可爱豆1号早已经脱掉了棉衣，穿上了凉快的洁白的衣服。洁白的衣服就像天上的白云一样，又活泼又可爱！可爱豆们又调皮了，把床单涂得五颜六色。有的涂了红色，有的涂了黑色，还有的涂了黄色。这么多的颜色汇成了一幅五彩缤纷的画！我把床单又换成了洁白的颜色，很期待你们下一幅五彩缤纷的画呦！

可爱豆们，我会一直陪着你们慢慢地长大，就像妈妈呵护我一样。希望所有的小朋友都像可爱豆一样快乐成长！

（学生：可可）

### 读者回音

这篇文章记录了可爱豆们的成长过程。文章的内容很温馨，语言很生动，让人感受到了可可小朋友对可爱豆们的深厚感情。文章也展示了可爱豆们的个性和特点，比如可爱豆1号的勇敢和开朗，以及其他可爱豆们的调皮和创造力。文章的结尾也很有意义，表达了小作者对所有小朋友的祝福和期待。

### 三言两语见童趣

说不定哪一天放学回到家的时候，我的小豆子就已经长成豆苗了。

豆子，时光的年轮不会倒流，我知道你的死是因为水分不够，我刚刚才感受到失去你的痛苦，我希望你在天堂中快乐幸福地成长。

摸一摸它的茎，有一点毛茸茸的感觉，叶子上也有一点毛，小得几乎用放大镜才能看清楚。两片叶子中间有个非常小的叶苞。茎的底部有一点淡紫色。

我的豆芽已经12厘米了，它那绿色的小嫩叶像一张碧绿的小床，上面睡着一个小宝宝。

小豆芽啊小豆芽，我走了之后，你能保护自己吗？

二三月，小豆子用最完美的状态迎接我们。看，它那细长的根已经长得很高很高了，时不时还能看到几片小小的叶子，真像新生儿一样可爱。

一想到种子可以跟我回家，我心里就美滋滋的。我给它喝了好多好多水，把原本干巴巴的"床"变成泥巴。今天，豆子的生活过得非常充实，因为它只"吃阳光""睡大觉"和"喝水"……

"我们的小豆芽将要移民了。"豆子们想。有的豆子说："一定会搬到草地上。"另一颗豆子说："一定会是一个新建设的花园吧！"

我有些心不在焉，就连上课也在想着小豆子。特别盼望下课的时候，这样我就可以和我的豆子一起玩了。

第 四 章

以生为本的阅读教学

每一位学生的潜能都是无限的，教育只有倾听儿童的声音，顺应儿童的发展，发挥儿童的主体作用，才能最大限度地激发儿童的潜能，使他们爱学习的天性、创造性得到更充分的发挥。本章尝试从实际操作中总结一些方法，并试着去分析。

　　教育的最终目的不是显示教师的聪明，而是要通过教师，走进学生内心，倾听他们的声音，最大限度地发挥儿童的聪明才智，启发他们的潜能。每个学生都是具体的个体，学生的智力水平都是常态分布的，教育不可能仅仅培养那些优等生，因为还有大部分学生处于中等水平，教育能否把这部分学生的潜能充分激发出来取决于教育水平的高低。

# 第一节　基于学情的阅读教学

在一次课上，学生学习《富饶的西沙群岛》，按照常规，学生初读完课文，老师问："西沙群岛给你留下什么印象？"

在我心目中，这是个开放性的问题，学生答什么都可以，诸如美丽的、可爱的都可以。可是问题抛出去后，我发现学生一脸茫然，接连问了五六个学生，他们都答不出来。当时我就很生气，让他们再读一遍，好不容易才从学生嘴里挤出：特产丰富、五光十色、瑰丽无比、生机勃勃、风景优美。

下课时，两三名学生围了过来说："老师，我们都不明白什么叫印象，原来是回答这些。""那应该怎么问？"老师追问。

"您应该说，读完后，你觉得西沙群岛是怎么样的？"

哦！原来学生对问题中的关键词不理解，导致学生不会回答。

美国认知教育心理学家奥苏贝尔指出："如果我不得不把教育心理学的所有内容简约成一条原理的话，我会说：影响学习的最重要的因素是学生已知的内容。弄清了这一点后，再进行相应的教学。"因此，阅读教学应站在学生认知的起点，寻找课堂教学的增长点，选择符合学生需要的，这样的教学才是高效的、有价值的。在此，我以统编教材三年级上册为例，谈谈基于学情的阅读教学尝试，提高统编教材的教学实效。

## 一、整体感知，实现浅层阅读

在经过一个漫长的假期后回到校园，学生从一种松散的状态进入一种规范化的状态，内心的适应性需要一定时间。同时在新的学期，学生踏入学校大门时，内心充满了对知识的好奇与渴求。因此在开学伊始，学生未学课文之前就让他们把整册书通读一两遍，初步感知全册学习内容，选出自己最喜欢的课文，并标注喜欢的原因，结果如下表。

**教学前学生对课文的喜欢人数（统编教材三年级上册）（总人数：44）**

| 序号 | 课文 | 喜欢人数 | 喜欢/不喜欢原因 |
|---|---|---|---|
| 1 | 大青树下的小学 | 12 | 有森林的气息 |
| 2 | 花的学校 | 5 | 无聊、没趣，读不顺、没意思 |
| 3 | 不懂就要问 | 22 | 明白了道理 |
| 4 | 古诗三首 | 6 | 已经会背了，没什么意思 |
| 5 | 铺满金色巴掌的水泥道 | 7 | 不好奇、无聊 |
| 6 | 秋天的雨 | 13 | 文字很美 |
| 7 | 听听，秋的声音 | 5 | 看不懂 |
| 8 | 去年的树 | 26 | 鸟儿的友情让我感动 |
| 9 | 那一定会很好 | 18 | 木头可以做很多东西 |
| 10 | 在牛肚子里旅行 | 25 | 里头有非常多的知识 |
| 11 | 一块奶酪 | 27 | 故事有趣，值得学习 |
| 12 | 总也倒不了的老屋 | 25 | 读出了善良、乐于助人，深陷其中 |
| 13 | 胡萝卜先生的长胡子 | 24 | 奇怪 |
| 14 | 不会叫的狗 | 28 | 狐狸很坏，有趣 |
| 15 | 搭船的鸟 | 11 | 故事短，而且在其他书里看过很多遍 |
| 16 | 金色的草地 | 9 | 草地没什么好看的 |

续 表

| 序号 | 课文 | 喜欢人数 | 喜欢/不喜欢原因 |
|---|---|---|---|
| 17 | 古诗三首 | 5 | 读不懂 |
| 18 | 富饶的西沙群岛 | 6 | 无趣 |
| 19 | 海滨小城 | 6 | 一点都没有趣 |
| 20 | 美丽的小兴安岭 | 11 | 美丽、新鲜感 |
| 21 | 大自然的声音 | 14 | 有意思，让我闻到了大自然的气息 |
| 22 | 父亲、树林和鸟 | 14 | 有很多内容看不懂 |
| 23 | 带刺的朋友 | 15 | 小男孩把刺猬当朋友，很有想象力 |
| 24 | 司马光 | 9 | 短、读过，无聊 |
| 25 | 掌声 | 11 | 英子很勇敢 |
| 26 | 灰雀 | 11 | 男孩很诚实 |
| 27 | 手术台就是阵地 | 15 | 具有挑战性 |

从上表可以看出：教学前，由于教师还没有讲授课文，学生更多地关注文章的形式和内容。对于那些有新鲜感、有趣、情节生动的课文，学生特别喜欢，如12、13、14、23课。《当前儿童课外阅读现状调查》结果显示：小学生对一些浅显的儿童文学读物兴趣比较浓，如童话、寓言、故事、儿歌、童谣等。儿童文学能够吸引儿童阅读的首要因素是内容，活泼生动的情节、切合当前儿童阅读口味的故事更容易吸引儿童把阅读进行下去。对那些在故事中能学到知识或道理的，学生也感兴趣，如8、9、10、11、12、13、14、21、22课；对比而言，学生对那些描写类的文章很不喜欢，他们觉得那些写上学内容的课文很无聊，因为每天都见，很幼稚、没什么好看，如1、2、3、7、21课；有些文章学生在其他书里看过很多遍，觉得没意思，如15、16、24、25课；还有些文章是看不懂的，如2、22课。

## 二、基于学情，利于以学定教

在把握了学生学习的起点后，我们的教学就定位在学生的"最近发展区"，解决学生阅读的困难之处、差异之处，这样的教学才是有价值的。然而三年级学生由于背景知识经验不足、认识问题角度不同、思维不全面等因素，可能导致他们初读时忽略了文本的内涵、表达与价值。因此，教师应以日常数据作为参考，结合学生的兴趣点、需求点、困惑点，纠正学生误解的知识，挖掘被学生忽略或是思考不深入的文本价值，做到"以学定教"。

（1）对于大部分学生喜欢的课文，故事性强、学生易于理解的，课堂以学生自学、互学为主，教师可以采用讨论、质疑等活泼的方式教学。有时教师可与学生互换角色，让学生当教师，拿起教鞭上课；教师当学生，坐在学生的座位上，向"教师"发问。通过这些方式，学生既学会了课文，又体验到学习的快乐。例如，这册书中的《在牛肚子里旅行》一课，学生在教师没教之前已经很喜欢，而且从整体上感知到这篇文章讲的是牛有四个胃的知识，可见理解课文内容不是这篇课文的难点。这时教师应放手让学生去学，学生采用讲解员的形式去讲述整个旅行的过程，教师从旁点拨。学生学得有趣，收效更大。

（2）对于学生喜欢，但只停留在文字表面的，教师要根据文章所承载的训练重点，由表及里，深入挖掘。例如，第四单元的训练重点是预测猜想，《总也倒不了的老屋》这篇课文的内容不难，学生初读完课文后，基本理解了主人公的善良、乐于助人。随后教师通过横向比较《挤不破的房子》，让学生运用猜测的方法，深刻体会反复在表达上的妙处，接着采用多角度的思维训练方式，预测后面发生的事。下面是三篇有代表性的学生作品：

学生一：小蜘蛛的故事完了，老屋说："好了，我到了倒下的时候了！""等等，老屋。"一个粗糙的声音划过，原来是一个仙女，她说："老屋可以给我住一个晚上吗？因为我找不到休息的地方。""那好吧。"老屋说。第二天早上，仙女留给老屋一个祝福，那就是快乐。（师评：一个拥有快乐的人，才有坚持活下去的动力。）

学生二："老屋，老屋，"一个细小的声音从老屋脚底响起，"能再站一个夏天吗？"老屋说："哦，原来是毛毛虫啊！好吧，我再站一个夏天。"一个夏天过后，毛毛虫已经不是毛毛虫了，而是美丽的蝴蝶。蝴蝶飞了出来说："谢谢！"（师评：原来故事中还有科学知识。）

学生三：小蜘蛛的故事讲完了，老屋要倒下了。这时，一个虚弱的声音传来，原来是一只受伤的小兔请老屋收留它养伤。老屋答应了。小兔每天给老屋讲自己的经历。（师评：沿着前故事的脉络，老屋的每一次帮忙都是别人最需要的，先是睡眠，再是母爱，又是温饱，而小作者此处的预测顺应了前文，那是生命的安危。）

在阅读过程中，最大限度地激活并运用了学生原有的知识，把新知识纳入或同化到原有的认知结构中，帮助学生重新建构了新的知识——猜测。

（3）对于学生不喜欢而文学价值比较高的课文，又恰恰是本年段学生学习的重难点，教师需要花大力气来进行教学，让学生发现文学的奥妙。例如，《富饶的西沙群岛》这篇课文，教之前仅有6名学生喜欢，教师则带领学生细细品味，并采用多媒体教学等方式去充分调动学生的各种感官，玩味文字，体会感情，揣摩并运用写法，教学后，有30名学生喜欢这篇课文。可见，把学生的元理解当作新教学的起点，能有效调整教师的教学目标、教学方法，这些是切实提高学生学习效率的最优化途径。

（4）对介于学生喜欢与不喜欢之间的课文，教师则需要设置有梯度的问题，让学生进一步走进文本。例如，古诗的教学，对古诗中的思想内容、写作背景等隐性知识的理解，这就需要发挥教师的积极作用，带领学生融入古诗的意境中去，体会其境界和内涵。

## 三、整合教材，顺应儿童心理

（1）心理学家认为，人总是倾向记住开始的事情，可能是因为人对首先呈现的项目倾注了更多的注意和心理努力，造成了首位效应。另外，由于在最末的项目和测验之间几乎不存在其他信息的干扰，造成了近位效应。学生的学习有明显的首位效应，也就是感受最近区。因此，学生对放在教材前的课文兴趣高，而对放在教材最后的课文兴趣很低，在教学安排方面，教师要充分考虑首位效应和近位效应。通常把一些美文放在开学或临近期末教，但因学生经过一个漫长的假期后，心思还没那么快回到学习上来，一开学就安排学一些经典的文章可能会事倍功半，因此集中把这些文章的教学安排在开学后一周和学期的后半段，这样更有利于学生的学习。

（2）顺势引导。三年级要重点训练的是段落，特别是这种总分结构的段落。今天在学生熟背了《富饶的西沙群岛》这篇文章后，进行课后小练笔，就是课后那四幅图。听其他班的老师说学生写得不好，不容易写。在我的班上，我强调写作要领是围绕一个意思，先总写，后分写，可以写姿态、外形、颜色等。学生开始落笔。

第一个完成的是晓狄，他写的是：

珊瑚可真是千姿百态呀！有的像头发，有的像稻草，有的像绳子，还有的像章鱼。

我指导他是否能够写具体一些，在每样物体前加上修饰的词。于是他补写道：

珊瑚可真是千姿百态呀！有的像一把秀丽的头发，有的像金黄的稻草，有的像粗壮的绳子，还有的像张牙舞爪的章鱼。

接下来，我继续顺藤摸瓜，启发他，是否能够把看到的和想到的结合起来写。于是他又补写道：

珊瑚可真是千姿百态呀！有的像一把秀丽的头发，在海底飘飘摇摇；有的像金黄的稻草，在海底懒洋洋地睡觉；有的像粗壮的绳子，随时等待鱼有困难的时候去救援；还有的像张牙舞爪的章鱼，在给珊瑚挠痒痒。

我把晓狄文段的前后变化做成课件，给予其有趣的名字——《给文章增肥》，学生看着很有趣，也很形象，大家都跃跃欲试写下了如下文字：

海底的珊瑚真是千姿百态。有的像小女孩那长长的头发，在海里飘动着；有的像姑娘们穿着漂亮的舞蹈服，在海底欢快地舞动；有的像鱼儿的摇篮，当鱼儿很累时，它们就可以来这儿睡觉；还有的像小鱼的遮阳伞，当太阳很猛时，它们就可以在这儿避暑。

海底的鱼真美啊！有的像金色的扇子，在给小鱼们扇风；有的像玲珑的三角尺，在给海龟指引方向；有的像五彩的鱼雷，在海底悄悄前进；还有的像穿着金色盔甲的武士，发出金光闪闪的亮光。

海底的珊瑚真奇特啊！有的像巨型游泳池，让小鱼们在里面游泳；有的像巨大的水中草原，让小鱼们在上面玩耍；有的像一个巨大的眼睛，正在瞪着小鱼们；还有的像一艘要飞的飞船，吓得鱼儿四处乱跑。海底的珊瑚真奇特。

海底的鱼多得数不清。有的头上挂着红红的灯笼，在黑暗中照明；有的身上长着翅膀，想出去旅行；有的身上长着彩色的羽毛，游动的时候像彩虹一样；有的橙黄橙黄的，在那里呆呆地四处张望。

### 四、奇思妙想，激发儿童的创造力

学生的潜能不可估量，他们在自由的活动中，能够使许许多多的事物巧妙地发生比附与关联。学生更是想象的天才，在开放自由的环境里，他们能够使许许多多的事物从现实走向未来，从模糊走向精确，从未知走向已知。以下是学生学完《荷花》后进行的荷花奇想：

大树、小雨点和周围的小动物都给我办起了演唱会，太阳哥哥用明亮的声音给我说太空的美好旅行。（逸轩）

阳光跑了过来，告诉我他最棒的发明；柳絮飞过来，告诉我他要在那里长成大树，为人们乘凉；天上的小气球告诉我，请你抓住我的小尾巴，让我带你飞上天去看看风景；柳条过来，告诉我你的大圆盘正好是我的舞台，我要跳一支最好看的舞蹈给你看。（楚明）

雨珠落下来，告诉我从天上落下像过山车一样好玩，有机会你也玩一玩；晚上，小蚂蚁把我叫醒，说他迷路了，可以让我住一晚上吗？（可可）

小蜜蜂飞来了，告诉我昨日家庭赛的精彩；落叶飘下来，告诉我在妈妈的手上玩滑滑梯有多么好玩。（梓燃）

对面苏醒的向日葵和我说了她的梦想是当一朵会飞又会游的花；还没落下的月亮姐姐听到了，说起了自己想变成太阳的理想；拇指姑娘坐着荷叶来与我讲了她的故事。（雨霏）

七星瓢虫一骨碌滚过来，关心地问你有没有受伤，顺便亲了亲我的小红脸；毛毛虫慢慢地爬过来告诉我未来的几个星球；星星拉着我的手，摸摸我的头，说我长得真好看。（凯乐）

雷鸣告诉我前几天的威力；落叶飘来飘去，告诉我这一年是它怎么生活的；雨珠告诉我在天上做错了一件事才会被赶出来；柳条告诉我一

年四季一直在染头发。（慧瑶）

柳条从我身边垂下来，告诉我他的梦想是永远不老。（昊伟）

小草凑过来，和我一起玩；阳光告诉我，下班的自由；天空和我说，外面很热闹；乌龟爬过来，告诉我他想去外太空的梦想。（文涛）

阳光照射过来，告诉我外空的景色；星星对我眨眼睛，告诉我古代的事。（博轩）

落叶落到我的停机坪上，告诉我他看到的一切事物。（云天）

星星说出了世界全部不解之谜的答案，一只蝈蝈请我去当森林歌舞比赛的主持人。（子轩）

火星哥哥告诉我他们星球的聚会，小星星告诉我他的梦想是在白天玩耍。（誉豪）

在学习二年级下册《祖先的摇篮》时，学生进行的仿写表：

**学生仿写《祖先的摇篮》示例**

| 我想——<br>我们的祖先<br>可曾在这里<br>看李白作诗<br>陪古人编衣服？ | 我想——<br>我们的祖先<br>可曾在这草地上<br>听知了唱歌<br>跟松鼠捉迷藏？<br>可曾在这小溪边<br>帮小鱼找妈妈<br>教小鸭游泳？ | 我想——<br>我们的祖先<br>可曾在这些草地上<br>跟蛇拼个你死我活<br>看蚂蚁搬家？ | 我想——<br>我们的祖先<br>可曾坐在龙头上<br>看日出<br>寻找恐龙蛋？<br>可曾趴在龙头上<br>睡大觉？ |
|---|---|---|---|
| 我想——<br>我们的祖先<br>可曾在那山坡上<br>捉小鱼<br>挖宝石？<br>可曾在树上<br>看蚂蚁搬家<br>跟神仙说话？ | 我想——<br>我们的祖先<br>可曾在这里<br>看青蛙<br>画小鱼<br>戏小鸭<br>坐海石？ | 我想——<br>我们的祖先<br>可曾在森林里<br>追猴子<br>逗变色龙？<br>可曾在西游里<br>看孙悟空<br>七十二变？ | |

在学习《动物的节能术》中提到骆驼有耐渴的本领，能在沙漠中生活。学生由此想到：

学生一：如果把骆驼体内的耐渴因子移植到人体内，那么人类就不用经常喝水了。

学生二：若这样移植基因，会造成很多不良后果，就如克隆多利后，血管变大了，人与骆驼的基因在一起会发生突变，其实人类不一定要用骆驼基因，那样太保守，在人体内放一块氢片，水的分子是由两个氢分子、一个氧分子组成，是否能够通过肺部吸入的氧分子合起来造成水供给人类。

学生三：我来补充韦思的想法，如果人到这么干旱的沙漠又要喝水，不一定要像他说的那样造什么基因，我从书中了解到虽是沙漠，但地底下是有很多水的，你戴一个很深的洞，把一个头盔埋进去，在阳光下，沙底下的水奋力向上，头盔里就会有蒸发出来的水。

学生四：我觉得方法3比方法2麻烦，虽然都可以喝到水，但是走一段时间又要挖一个洞才能喝到水，相对来说，方法2可以自己制造，时时刻刻可以喝到水。

学生二：补充说明一下，在人体内装入一块氢片，在肺部旁边连接喉管，这样就能产生水了。

学了古诗《四时田园杂兴》后，学生进行仿写：

一树荔枝串串红，玉米金黄颗颗满。小溪弯弯哗哗响，蜜蜂嗡嗡蟋蟀唱。（睿宁）

秋风习习凉风吹，大雁慢慢往南飞。金黄麦子低头看，农夫看了笑呵呵。（晨希）

枇杷金黄水稻肥，鱼儿瘦小大猪肥。牛儿拉车哞哞叫，农民丰收呵呵笑。（雨桁）

夏中荔枝满树红，黄皮金黄果肉酸。柳边小溪水清凉，鱼儿溪中游得欢。（璐樱）

柿子金黄枣儿肥，樱花雪白叶子稀。儿童秋游田间过，一片笑声在空流。（秀雯）

枇杷油黄荔枝红，菜花丰满水稻碧。小溪芦苇映茅屋，雨点纷纷落日归。（艺琳）

玉米嫩黄荔枝肥，龙眼雪白枇杷甜。小草满地绿油油，花儿清香满乾坤。（泽桦）

枇杷金黄荔枝红，水稻碧绿竹笋白。小河旁边儿童走，螃蟹鱼虾一鱼篓。（梓燃）

水稻金光玉米丰，芦苇雪白菜花稀。田园内有鸡狗跳，儿童头上风筝飞。（雨霏）

枇杷金黄海棠红，田园蔬果香味飘。小河奔腾不停息，唯有小鸟站树头。（楚明）

小河流水哗啦啦，荔枝红红挂树梢。枇杷金黄一串串，鸡鸣犬吠满乾坤。（道明）

综上所述，基于学情的教学，巧妙地运用学生先学的兴趣点、期待点作为教学的起点，课堂上所学的知识都是基于已有知识而建构起来的。这样的课堂是以儿童的视角去开展教学的，减少了以教支配、控制学生学的现象，调动起学生的主体意识和积极主动的学习态度，促进了师生的多向交流。因此能智慧、高效地促进学生主动学习。

# 第二节　在阅读中成长

在传统教学中，小学新生一入学就要花费很大精力艰难地学习一些对他们来说毫无意义、与生活毫不相干的汉语拼音字母。这些符号与他们平时看到的汉字完全不同，也没有任何声音或形象的提示，让他们感到困惑和无趣。因为在学生已形成的认知结构中，缺少了可以"同化"新经验的概念体系，这样不仅学生学得辛苦，教师也教得辛苦，更有可能使小学新生一开始进入正规的学校学习，就感到学习的枯燥与乏味，从而迅速失去原有对学校和学习的热情和兴趣。而部编版教材使用以来，一年级学生刚入学先接触的是汉字，这些汉字既有形象的外观，又有清晰的发音，还能与他们日常生活中的事物和情感相联系，自然表现出强烈的学习热情。小学生喜欢成功，那些跳一跳容易够得着的比较容易获得成功。整个低年段要求学生大量识字，在这种氛围和训练之下，学生记忆力很强。在二年级上学期，班上用了短短一个半月的时间就背完了《必背古诗76首》。

学生每背一首诗就奖励他用自己喜欢的颜色画一层楼（其实就是涂一个格子），这样学生就像建筑师一样，相互之间比谁盖的楼房高。大家你追我赶，形成一股积极向上的学习劲头。即使遇到上网课，学生每天依旧乐此不疲地背《声律启蒙》。我想这也归功于良好的背诵习惯。

有研究表明，学生在小学阶段的学习以机械记忆为主，良好的记忆能力也是一种学习品质，它能提高学习效率。

在一二年级学生们开始大量阅读，家长们反映孩子们爱看书，阅读变成孩子们的一种习惯。以下是学生们从二年级到四年级读书内容的转化表：

二年级到四年级学生读书内容的转化

| 二年级 | 三年级 | 四年级 |
|---|---|---|
| 《小红帽》《聪明的小白兔》《童话世界》《动物大世界》《科幻故事》《人体奥秘》《恐龙世界》《昆虫世界》《阿拉丁》《发明发现故事》《十万个为什么》 | 《可爱的哺乳动物》《三角龙的死亡故事》《千古之谜》《三毛流浪记》《西游记》《上下五千年》《秋天的故事》《旋转的地球》《名山大川的传说》 | 《昆虫记》《汤姆叔叔的小屋》《包法利夫人》《格列佛游记》《埃及艳后》《钢铁是怎样炼成的》《简·爱》《堂吉诃德》《福尔摩斯侦探故事精选》《三毛死于谋杀》《告诉你我不是丑小鸭》《老舍》《童年只有一次》 |

表上内容显示，学生阅读的内容从童话故事类型向世界名著过渡，故事也向有一定深度的书籍过渡。

## 一、读书会

在学生阅读的过程中，"读书会"起着把握学生读书方向的作用。曾有一段时间，学生沉迷《鸡皮疙瘩》《冒险小虎队》这类书籍中，上课时偷偷在看，回到家就坐在沙发上看书，不食也不动，而且这些书还在陆续出版，家长担心孩子"走火入魔"，影响身体。作为教师有必要让学生来评价一番，于是我让学生辩论：这类书能成为一本世界名著吗？

正方：作者把西方民间传说的鬼故事，用吓人的手法，加上当代科幻，使故事很有悬念，又有理论，又有想象。

反方：

A.《冒险小虎队》一本薄薄的书就8元多，知识又少又贵，不值得。

B.一些同学是为了追求后面的"卡"，觉得有趣，并不是为了看书。

C.《鸡皮疙瘩》里面有很多废话，它不足以成为一本名著，无"回味"的余地，看过一遍知道结果就不想再看了。

D.故事都千篇一律，看一两本就知道其他都差不多。

"读书会"除了起着把握学生读书方向的作用外，一本书经过交流，它还会产生"增值"。

## 二、以读促读

我们习惯以课内阅读带动引导课外阅读，以已读内容带动引导对未读内容的阅读，从而激发学生读书的欲望，把学生引进书的海洋。而这只是对以读引读的片面解读，以读引读也可以是把课外阅读带动引导课内阅读，学生一方面可以把课外所看的书融会贯通；另一方面可以在课堂上随处展现自己课外所读的知识，进一步激发学生读书的欲望。例如，在学习《快乐的小鹿》时，文中讲到狐狸自以为聪明，从来看不起小鹿。学生联想自己看的课外书中有哪些故事也有自以为是的人物。话匣子一开，故事会就开始了，学生讲了《拔萝卜的故事》《小狗吃老鼠》《自相矛盾》《得意忘形的青蛙》《害羞的小草》《黄鼠狼吃老鼠》，还有《西游记》里的妖精。

触类旁通：《小白养伤记》中的"记"有记录的意思，让学生回忆读过哪些书名也有"记"字的。如《西游记》《木偶奇遇记》《小人国历险记》《三毛流浪记》《西厢记》《魔笛奇遇记》《昆虫记》……

寻找共性：学习《画蛇添足》时，学生问："为什么这个门客要给蛇画上脚？"老师顺势追问："从他给蛇画脚可以看出他是个怎样的人？"有学生回答："骄傲。""课文中哪一个词形容他很骄傲？"学生找到是"得意洋洋"。然后让学生在脑海里搜索哪些故事里面也有人物是得意扬扬的。学生的回答见下表：

学生回答统计表

| 得意扬扬人物 | 故事 | 结果 |
|---|---|---|
| 小狗 | 《爱吹牛的小狗》 | 失去朋友 |
| 狐狸 | 《狐狸和老虎》 | 逃跑 |
| 乌鸦 | 《狐狸和乌鸦》 | 肉被骗走 |
| 兔子 | 《骄傲的小兔子》 | 摔跤 |
| 小花猫 | 《爱漂亮的小花猫》 | 抓不到老鼠 |
| 羊 | 《披着狼皮的羊》 | 被虎吃掉 |
| 小兔 | 《爬行比赛》 | 输给了螃蟹 |
| 从列表中，学生发现得意洋洋的下场总是倒霉的、失败的，学生明白了："骄傲使人退步，谦虚使人进步。" | | |

## 三、以读促写

在大量阅读后，学生也有了跃跃欲试的冲动。把学生带到生活中去，带到大自然中去，让学生在乐中写、在写中乐。牵着蜗牛去上课、种豆子、写豆子成长日记、到田地里写生……贴近童心的写作，顺应了学生渴望表达的心理。

# 蜗牛历险记

### 梅州市高陂二小

今天，我发现有两只蜗牛不小心跑到我的学校。有一只小蜗牛，还有一只大蜗牛。它们是蜗牛哥哥和蜗牛弟弟来我们这儿上学。

看，它们长着圆圆的壳，可是很胆小，只要我们用手一碰它，它就会缩回去，像健身的弹簧一样。只见它一边看，一边走，像两位"大侠"一样，自由自在地走来走去，完全不把我们放在眼里，以为我们是一大片的萝卜头，简直太猖狂了！

走着走着，哥哥发现有些不对劲，它问弟弟："为什么这里有些特殊的香气？"它们循着香气走啊走，走到一大片"书林"，发现原来这香气是从书里飘出来的，它们惊呆了：没想到除了花香还有书香。哥哥说："让我们的好朋友也来这儿闻闻这些书香，让它们开开眼界。"

弟弟摇着触角，开心地说："哥哥，这个主意真好，我们快点去吧。"

蜗牛哥哥和蜗牛弟弟一步一步地走出教室，去寻找它们的好朋友。

（待续：下一集《蜗牛朋友来了》）

### 读者回音

这篇文章的语言简单生动，情节有趣幽默，富有想象力。通过蜗牛哥哥和蜗牛弟弟对书的好奇和欣赏，表达了对知识的向往和对学习的热爱。文章结构清晰，开头引入主题，中间发展情节，结尾留下悬念。文章用了一些比喻和拟人的手法，增加了文章的趣味性和表现力。文章还用了一些反问句和感叹句，增加了文章的语气和感情色彩。

## 蜗牛

梅州市高陂二小

今天，我们上了《蜗牛》这一课。课上看到蜗牛的硬壳是螺旋形的，大大的，圆圆的，不一会儿，蜗牛小姐小心地把头伸了出来，慢慢地走到蜗牛先生那里叫道："蜗牛先生，快出来！我们一起在这条白色的小道路上看一下吧！"蜗牛先生说："等一下，我再睡一下吧。"蜗牛小姐又叫道："你不去，那我先去附近看一下，你睡醒去找我。"我们给蜗牛小姐唱了一首歌，蜗牛先生被我们的歌声吸引了，起床和蜗牛小姐爬到投影那边。

蜗牛先生到蜗牛小姐的背上又睡觉了，我们用小手轻轻地碰它的触角，它就把头收了回去，真有意思！

### 读者回音

这篇文章写得很生动、很有趣，能够把读者带入课堂的氛围中，感受到作者的学习乐趣和探索精神。这篇文章也展示了作者的观察力和想象力，能够用细节和形象的语言描述蜗牛的特征和动作，还能够给蜗牛赋予人格和情感，创造出一个有趣的故事。

## 致死去的蜗牛

梅州市高陂二小

今天上午放学，我看见罗语和曾晶晶来到学校附近一个大的停车场，停车场的旁边有一些植物。我在四周看来看去，不知道她们在找什

119

么，就走过去。罗语被吓到了。难道是我的脚步声太大了，把她吓了一跳？管它呢，先问她们在找什么。曾晶晶说："我们在找一只蜗牛陪我们玩。"我慢慢地找，可是找不到。

我们顺着自己家的方向走去，回到家里，姐姐见我一副不高兴的样子，就问："怎么了？"我说："没有找到蜗牛，所以不开心。"姐姐说："别灰心，吃完饭，你再去有蜗牛的地方找找。"吃完饭，我就去原来的地方找蜗牛，刚走到那里，就看见伙伴们也在找蜗牛，他们找了很多蜗牛，我就向他们要了一只。我把我的小蜗牛带到教室，玩了玩，小蜗牛竟不知不觉死了，我自言自语道："真可惜！"

**读者回音**

这篇文章的语言简洁，情节生动，能够引起小读者的兴趣。作者在发现小蜗牛死了时感到遗憾，表达了对生命的珍惜，能够激发读者的共鸣。文章有些地方可以增加细节和描写，使故事更加丰富和有趣。例如，在"停车场的旁边有一些植物"这句话，可以具体说明是什么样的植物、有什么特征和颜色。在玩小蜗牛时，可以描述一下小蜗牛的外形和动作，以及作者的互动和感受。

## 蜗牛的爱情故事

梅州市高陂二小

今天，我们班来了两位"新朋友"——蜗牛先生和蜗牛小姐。它们非常可爱，但又非常胆小。

蜗牛先生爬到蜗牛小姐那里去，它好像爱上了蜗牛小姐，说："蜗牛小姐，我爱你。"蜗牛小姐说："你对我真好！"蜗牛先生看见蜗牛小姐，心都要跳出来了，好像在说："蜗牛小姐，你真美丽，圆圆的硬壳，长长的身体，你真是我心目中的女神！"蜗牛小姐温柔地说："哦！是吗？"蜗牛先生甜蜜地说："哇！蜗牛小姐连说话都这么可爱、温柔。"

它们度过这浪漫的一天。

### 📑 读者回音

这篇文章描述了两只蜗牛相遇和相爱的故事。作者想象力丰富，充满幽默感，对蜗牛的形象和性格有自己的理解和刻画，让读者感受到了蜗牛的可爱和温柔。另外，作者还能用比喻和拟人的手法让蜗牛的对话更加生动和有趣，相信很多小朋友喜欢阅读和欣赏。希望小作者能继续努力，写出更多优秀的作品。

## 我与蜗牛有个约会

#### 梅州市高陂二小

今天，我看见了两只蜗牛，它们特别漂亮，我把它们带到了教室。有一位同学说："有人带着一位蜗牛先生，一位蜗牛小姐。"

同学们都围上来唱歌给它们听。很快，它们的触角就伸出来了，接着，它们的头也伸出来了，似乎在说："哇！好美的地方呀！有书，有四十个萝卜头，太有趣了。"其中一只蜗牛说："他们还唱着歌曲呢。"我上去碰碰它的触角，它立即把身子缩回去，不一会儿又伸出触角，爬了起来。我发现它的壳是黄色的，触角上有两只小眼睛，它走过的桌面上有一条银闪闪的小路，可爱极了！它爱吃的是叶子、白菜。有时它发起脾气，不肯从壳里出来，似乎在说："我生气了，我现在不想

121

跟你玩。"我就走到一旁去，心想：它肯定是有一些伤心的事情，才不想跟我玩的。可没过一会儿，它又伸出触角，好像在说："我跟你玩了。"我开心极了。

### 读者回音

在这篇文章里，我看到了一个孩子对于自然界的探索和欣赏，以及对于小动物的友善和同理。小作者对蜗牛的触角、眼睛、壳等细节都赋予了生命和情感，激发了读者的想象力和创造力，让我们感受到了蜗牛的奇妙和可爱，以及对生活中美好事物的发现和欣赏。你是个很棒的小作家！

## 蜗牛背书包上学

梅州市高陂二小

今天，我们教室里来了两位新朋友，它们的名字叫蜗牛先生和蜗牛女士。我们301班的同学们唱了一首儿歌送给它们。

蜗牛女士的头先伸出来了，慢慢地走到蜗牛先生身边说："快把头伸出来，这里很美。有同学们读书，他们读得可好听了，还给我们唱歌。"蜗牛先生对蜗牛女士说："我们在这里住下，好吗？""太好了，太好了！"两只蜗牛开始每天背着书包来上学了。

### 读者回音

这篇文章讲述了两只蜗牛来到一个教室里，听到学生们读书和唱歌，决定在教室里住下来并每天背着书包去上学的故事。这是一篇很有趣、很温馨的故事，可以让读者感受到爱与温暖。文章的语言简单明了，适合小学生阅读。

# 嘿，哥们儿

### 梅州市高陂二小

今天，有两位神秘的嘉宾来到我们的教室。

一开始，林老师给我们讲这两只蜗牛的来历。原来，一大清早，林老师就跑到菜地捉到了一雄一雌两只蜗牛。林老师把它们放进电脑包里，到了学校打开电脑包时，竟发现蜗牛不见了。林老师找了很长的时间，才在一个角落里找到它们，并带到了教室。林老师打开实物投影仪，把蜗牛放在投影仪上。一开始，两只蜗牛都不肯从壳里出来。后来，林老师说："我们唱一支歌吧，你们会唱什么歌？"我们说："《小星星》。"我们开始唱歌，万万没想到，一分钟后，有一只像圆锥形的蜗牛慢慢地探出一对长着小黑眼睛的触角，然后慢慢爬向另一只蜗牛，它好像在说："嘿！哥们儿，出来吧！"它出来了，看见41个"萝卜头"。

蜗牛真有趣！

### 读者回音

这篇文章讲述了两只蜗牛作为神秘嘉宾来到一个小学班级学生们互动的经历。文章的结构清晰，开头介绍了两只蜗牛的来历和特征，中间描述了它们在投影仪上的表现和反应，结尾表达了学生们对蜗牛的兴趣和喜爱。这样的描述符合儿童的心理特点，能够吸引他们的注意力和好奇心。文章的语言简单明了，生动形象，适合学生阅读。

# 第三节　小组合作

教材为教师提供了一个开放的、可创造的空间，没有零碎的知识点，而是把这些知识点放在了大语文观的环境下。课堂上，教师讲得少了，学生自主探究、合作探究、交流的机会多了。而学生这方面的能力是参差不齐的，结果学优生学习效果更好、更优，而学困生则因其探究意识不强、探究能力较差，在交流中的获益也是微乎其微。长此以往，学习能力强的学生充当了课堂的主力，其他学生永远当听众。每个人总会有惰性，更何况是小学生，如果这种惰性不能有效地被教师关注到，将会形成习惯性懒惰，日积月累，他们就习惯了充当课堂上的配角。不管学什么版本的教材，都不可完全避免两极分化，而这种两极分化的局面极大可能是教师造成的。我们尊重学生间的差异，但我们应缩小这种差距。在课堂上，每位学生都应该得到关注，每个人都有表达的需要、表现的欲望，这种需要和欲望是否能够被有效地激发，就得看有没有伯乐去赏识他们，同时有教师的课堂组织。

小组合作学习是一种体现全员参与、同伴间优势互补的有效学习形式。它不仅能充分发挥每个学生的内在动力作用，有利于培养学生的合作意识和创新精神，还能锻炼学生的自我调控能力。可是在教学中，小组合作存在着一个很大弊端——无效参与。例如，在教师叫学生进行合作学习时，所给的讨论时间不够，只是走个形式，匆匆收场；由于学生水平的不同，出现学习能力较弱的同学过于依赖、盲从成绩好的同学；在小组中不会倾听别人的言论，讨论结束后不会归纳。

因此，合作讨论的成败与否在很大程度上取决于教师对小组学习组织的成败。我们组织教学的办法有：每次合作每个学生都会轮流当中心发言人；除中心发言人外，其他同学做补充。我们常会在小组学习、分享资料、朗读汇报时进行小组合作学习。进而提高了合作学习的效率。

既然一堂课以学生为主体，就不应该只由教师去决定课堂的全部进程，而是应当在学生的主动参与之下形成课程的实际路径。课上，教师为学生的学习释放空间、自由，学生的潜力发挥出来，会变得更聪明。例如，在学习《汽车时代的来临》时，教师让学生采用小组学习的形式，在小组学习当中，要求理解文意，找出欣赏片段并提出问题—小组汇报学习结果，提出问题，并把问题抛向自己指定的小组—小组对所提的问题搜集资料—解决问题，其他小组可进一步质疑，这样的过程并不要求在一节课内完成，可以是几节课甚至一个星期。在此过程中，你会发现学生们都很乐意参与进去。大家分工合作，有的查字典，有的上图书馆找书，有的上网查，所有人各尽其能。这改变了传统课堂上好学生占据整个教学流程，其他学生充当听众的状况，让每个学生都动起来，学生们不再有思维惰性。因为在一个小组里，一个成员就意味着一份力量。

例如，在学习《狮子和野牛》时，教师让学生根据课文内容设计板书，有的学生提议能用脉络式吗？能用符号代替吗？其实只要能表示清楚，说清楚就可以，于是学生便开始设计。在评价的时候，学生们认为学生A概括得脉络清楚、有创意（会用符号代替），但不够精练，而学生B、C精练，通过这么一评，学生就掌握了主要内容的概括方法。谁说学生的知识非得教师讲给他听不可，其实学生本身就是一种学习资源。

第 五 章

---

# 读者意识下的教学设计

本章走进读者意识下的小学语文课堂，在具体的教学设计、课堂实录中，进一步分析该研究的效果和实施途径。在课堂上，教师努力通过阅读教学强化读者意识，在习作教学中训练并强化读者意识，在课后练笔中运用读者意识。这些教学设计集中体现了以下几个特点：①以读者意识为导向，注重交际中进行习作；②以生为本，聚焦语言文字运用；③注重情境创设，便于学生形成清晰的写作思路。

# 《我想对您说》教学设计

## 【教学目标】

就一次冲突，对父母说出你的心里话，真情表达，有个性，符合身份，并在写完后读给父母听，体会父母之爱的伟大。

## 【教学重点】

正确引导学生与父母进行真诚的沟通和交流，写出有个性、符合身份的文章。

## 【教学过程】

**（一）转化题目**

（1）学生分享搜集到的有关父爱、母爱的名言警句。

**设计意图：** 自然导入此次习作的主题，不只是谈话交流，打开学生的话匣子，而是把习作主题升华到一定高度，把主题定调，开门见山地进入本次习作。

（2）同学们说说，世界上最爱我们的人是谁？我们最爱的人又是谁呢？可是两个彼此相爱的人生活在一起难免会产生误会和不理解，甚至冲突，有了冲突以后，我们应该怎么消除冲突呢？（解释、讨论、交流）

**设计意图**：以往学生写这一主题的文章多以叙事的方式表达，独白性质特别强烈。而此处学生置身在真实的场景里，面对真实的人，他们可以通过写信、开讨论会或辩论等形式交流，这样更有利于学生选择多样性的表达形式。

（3）（出示习作内容）现在请同学们就你与父亲或母亲一次最深的误会，与父亲或母亲做个交流、沟通。想想：是什么事导致的冲突？你想向父亲或母亲表达些什么？或者向他们解释，或者表达歉意，或者表达感激之情。

**（二）确定读者**

（1）请你想象一下，此时此刻，你的父亲或母亲就坐在你面前，请你就一次冲突，对父母说出你的心里话。

**设计意图**：导写环节不在于教师说了多少，而在于教师是否能够激起学生对生活的经验，勾起对往日的回忆。此环节，有意识地把习作题目转化成对语素材的题目，让学生面对真实的读者，从而唤起学生真情表达的欲望。这样有利于学生快速进入写作状态，自然而然地进行破题、入题，构思起来就更得心应手。

（2）学生静思1分钟。

**设计意图**：低中年级先说后写，就是在写之前进行交流，有利于打开学生的思路。而到了高年级，我们会发现这种做法容易导致学生的思维定式，内容单一，反而误导了学生。因此让学生在写之前静思1分钟，意在打腹稿。这样既有利于学生梳理写作思路，又不干扰其他学生的思考。

**（三）预见读者**

（1）同学们，这次习作咱们是与父母做真诚的交流，你们认为写好这篇文章有什么标准？

（出示习作要求：文通字顺，真情表达，有个性，符合身份）

设计意图：一般情况下，教师会在学生写作之前出示习作要求。但当学生面对真实的读者时，内心涌动着的心里话顿时想从笔尖倾泻下来，如果此时教师硬要出示一些类似形象生动，运用各种语言、动作等描写的写作要求，会影响学生真情表达，不利于学生更好地行文。因此这次习作的要求设置在学生写完以后再呈现。而文通字顺、真情表达是最基本的要求，至于"有个性、符合身份"是根据文章写作对象——读者而言的。

（2）师引导。每个人的年龄、性格、职业不一样，讲话的方式、语气也不同，要符合身份，这样文章才会有个性。

（3）学生在轻音乐中写作。

师：现在拿起你手中的笔，把你的心里话写在原稿纸上吧！

**（四）读者反馈**

同学们，今天不管你表达得有多差、多稚嫩，你的父母都会感觉你这篇是"大作"，是他们最爱读的。因为亲子之情是不可比拟的，不信的话回家后把文章读给父母听，他们一定会反复读你的文章，他们会特别感动，只要你是用真情与父母沟通，父母一定会更加爱你，你也会特别理解父母。

## 【观察与采访】

习作中，我们发现，学生悄然发生了如下变化：

课前，导写教师仅用了五六分钟，学生就开始写作。听课教师发现学生写文章极其投入、专注、动情，没有一个学生是边抓耳挠腮边写的，有好多学生写得自己也感动了，边写边哽咽，边眼泛泪光。进入写作前10分钟，就已经有84%的学生写到200字左右。从文章的写作质量来看，学生在写中进行自我反省、自我教育，个性化的语言充满儿童气息。尤其值得欣喜的是，班上几位后进生竟然在20分钟内洋洋洒洒地写了将近400字。然而，当学生写完后，教师发现，全班45名学生中有2名学生不敢把文章拿给父母看，有4名学生写离题了。对这几类学生我进行了跟踪采访。

（1）为什么后进生能写那么长？A生：因为是亲身体验的，印象很深刻，想都没想就有话说了，而且越写越快，越写越激动，好像妈妈就在我面前一样，可以无拘无束，把心里话全讲出来，不用担心被骂。B生：因为与妈妈关系好，一写就有说不完的话，行文中没有停留。

（2）为什么不敢拿给父母看文章？有的是因为写了假文章，有的是担心父母认为作者做错了事还那么义正词严，还有的是担心父母笑话自己，这样自己会很没面子。

（3）写文章不仅是在做人，更是在自我教育。一位学生写了一次妹妹不小心把头磕碰了，当时爸爸妈妈就一口咬定是"我"弄的，自己内心很委屈。作者回忆自己在写这篇文章时很犹豫、矛盾，他担心如果自己把事情的真相写给父母看，自己会得到父母的表扬，而妹妹很有可能被打骂，这让他感到忐忑不安。另一位学生说自己一边写，一边反思自己当时为什么用水泼妈妈，明明是自己错了，还错上加错，特别想通过文章跟妈妈说声对不起，同时希望妈妈改进教育方式。还有一位学生一看到题目就难下笔，他写的是暑假跟爸爸吵架，说爸爸长期在外出差，一点儿也不关心自己的事，后面到了爸爸工作的单位，才透彻地了解到爸爸的艰辛，顿时原谅了爸爸，作者重点写了化解矛盾的部分，原因是一方面这个矛盾让自己很难受；另一方面他担心父母的感受，因此他把自己当作第一读者，把文章当作自己的秘密。

（4）一位女孩子写了妈妈不让她留长发的事，当时她可是一边写，一边伤心地流泪，因为这是她心灵最受伤的，她一边写，一边想告诉妈妈为什么"我"那么介意长头发，因为同学们都笑我是"男人婆"，她希望能在文章中一吐为快，相信妈妈会理解、尊重"我"的。

（5）有一位女孩子选择了一次与妈妈间的冲突来写，整篇文章写得很详细、很真挚。妈妈看了文章后还写了留言："这么久的事儿，你还记得吗？我原谅你，同时也为我当时乱下结论向你道歉！"当时孩子看了回帖，感觉心里暖暖的。没想到自己与妈妈唯——次冲突就这么容易化解了，而与爸爸那么多次冲突却无法解开。因此作者当时写的时候想通过这篇文章让爸爸看看妈妈是怎样与自己沟通的，她很想让爸爸知道。因此，从表面上看，文章的读者是妈妈，实则是爸爸。

（6）有一位学生最有意思，她的文章完全没有写冲突，而是写妈妈的爱。原来她刚看到题目时不知从何下手，因为有太多事在心里，然后看到题目后面的提示可以写自己的心里话，于是她就想写歌颂母亲的，因为这种文章最容易写，好词、好句终于可以派上用场，关键是妈妈最爱看这样的文章。当她把文章拿给妈妈看时，妈妈微笑地帮她修改文章，这让她感觉很开心。

## 【教学反思】

当走进写作者背后，我们会发现学生在面对真实的读者时丰富、复杂的内心世界。考虑到自己的身份，写作者会仔细、反复掂量与读者进行对话的语气、态度，情不自禁地反省、修正自己现实当中一些不健康的言语和思想。对于读者而言，文章就像一面镜子，在无言之中也进行了家庭教育。透过读者意识，我们找到了写作的真正目的与意义，它不是写给教师看的，而是表达自己的内心、与人交流用的，这种表达之后获得的是快乐感。

读者意识下的写作是一种独特的生命体验活动：学生做人的追求和品

格与为人处事的作风在面对真实的读者中自然流露出来，这不是空喊几句"作文即做人""我手写我心"等口号就能让学生学会的，而是在人与人交往的情境中不自觉表现出来的，这样的真情最能打动人心。

从读者的角度来分析写作意图，可以看到更多写作者本来隐藏起来的思想和情感。班上有一位女孩子边写边落泪，当采访她为什么这么伤感时，她再次哭了。她不明白为什么与妈妈的一次误会就这么容易解决了，而与爸爸那么多的误会却解不开。文章的读者——父亲，这一读者强烈地影响了该作者对语言的建构。她明里是与妈妈对话，实则是写给父亲看的。作者巧借妈妈这位读者，想观察父亲的反应，从这里，我们可以看出该名学生敏感细腻的性格，也可以感受到她渴望与爸爸真诚沟通，化解彼此之间隔阂的心情，可谓用心良苦。

然而，长期以来，许多学生已经习惯了教师、父母的主观感受和成人的处世哲学，学生的作文大多成了与心灵无关、与个性无关的套话空话之作。为了得分，为了赢得教师、父母的好感，许多学生不敢轻易表露真情实感，唯恐对方觉得他肤浅、幼稚，不够高尚。如果不制止学生作文中故意拔高的伪崇高，不仅会伤害学生的作文能力，更会影响学生一生的人品。因此，在习作教学中，除了加强这种读者意识的培养，还应采取措施，降低或消除教育对社会生活的离间性，消除学生在写作时被考查的紧张感、被挑剔的挫败感，获得表达和沟通的愉悦感、成就感。从读者的角度鼓励学生说真话，流露真性情。

透过以上现象，教师应走到学生写作背后，倾听他们思想情感产生的过程，多走进学生的经验世界，体会他们的心理，学会用儿童的眼光来观察、体验生活。切莫低估或是抬高小学生的水平，以成人的视角、思维、情感去审视学生的文章。在写作过程中，学生更需要得到读者的理解与认同。想表达、真表达才是学生写作的源头活水。

# 《这儿真美》教学设计

## 【教材分析】

《这儿真美》是部编版教材三年级上册第七单元的习作内容，要求仔细观察，运用围绕一个意思写的方法写一处美景。公园是学生熟悉的地方，因为太过熟悉而觉得平淡无奇，学生对平淡无奇的地方常常会熟视无睹。本次习作采用"看"和"添加"的方法写公园，充分调动学生已有的生活体验，在脑海中呈现公园的场景，再逐渐勾勒公园的样子。对学生脑海中的景色进行清晰化、外显化、动态化的操作。

## 【学情分析】

三年级的学生缺乏观察能力，作文内容空洞。因此，需要一把钥匙的牵引，让学生有方法地将景物写生动，而仔细"看"和"添加"将是这节课的钥匙。虽然紫荆花没有真实呈现在学生眼前，但基于学生的生活体验勾勒出来，这来源于学生脑海中的生活素材，而"看"和"添加"就是对学生脑海中的景色所进行的清晰化、外显化、动态化的操作。本节课将通过"紫荆花公园"的习作，教会学生如何将心中的"紫荆花"描写生动，再通过"菊花公园"的习作，教会学生如何组织语言，从而引导学生完成写景作文由物象到意象、再由意象到语象的思维训练，习得写景作文的一种有效方法。

## 【教学目标】

1. 感悟最美的风景在心里。
2. 学会用"看"和"添加"的方法围绕美写一处风景。

## 【教学过程】

### （一）谈话导入

上学期同学们写过一处美景，老师教大家的是围绕一个意思来写，今天林老师将教给大家两件法宝，可以把美景写得更具体、更生动，同学们想学吗？

### （二）第一个法宝：仔细"看"

过渡语：老师给你们的第一个法宝是仔细"看"。

（1）回想紫荆花。

请同学们跟随老师来到公园，公园好大、好美！我拾起一朵紫荆花，看到我手上紫荆花的请举手。

请闭上眼睛，你"看"到紫荆花了吗？

（出示紫荆花图片3秒后关掉）看到的学生请举手。

（2）紫荆花在哪里？在心里。

（3）紫荆花有花瓣、花蕊、花萼，旁边还有露珠、树枝。老师要教你三个生词（出示花的结构图，花瓣、花蕊、花萼），把这三个生词写在学习单上。

（4）小结。

我们在写一处美景前得仔细地"看"，"看"到什么？花瓣、花蕊、花萼、叶子、树枝。仔细"看"紫荆花有多少片花瓣？当你说不清楚的时候，可用上表示概数的词语，如三四片、四五片、五六片。这是老师给你们的第一个法宝,叫仔细"看"。

**(三)第二个法宝:"添加"**

老师给你们的第二个法宝是"添加"。

**1. 添加人的神态**

(1)仔细"看",看着你的紫荆花,有的花瓣很骄傲地展示着它的美,有的花瓣羞答答地弯下腰,有的花瓣笑哈哈地仰着头,有的花瓣垂头丧气地低着头,有的花瓣很威武地挺起胸膛,有的花瓣害怕得躲躲藏藏。

(2)你看到花瓣还有哪些人的神态,指生回答。(出示句子:有的花瓣……)

(3)出示词语:骄傲、笑哈哈、威武、谦虚、羞答答、胆怯。

(4)选出你最喜欢的三个词语写在学习单上。

(5)如果添加多个人的神态,可以用"有的……有的……有的……还有的……"的句式串联起来。

**2. 添加其他景物**

(1)花园里除了紫荆花,还有什么?仔细"看"。

预设:学生看不到。提醒一下,一种是同类的,比如植物。另一种是不同类的,比如动物、昆虫。植物有哪些?动物、昆虫有哪些?

(2)出示词语:蜻蜓、蜜蜂、蝴蝶、小溪、榕树、杨柳。

(3)选三个词语写在学习单上。

**3. 添加动力**

(1)刚才我们添加了蝴蝶,蝴蝶可以翩翩起舞,那其他不会动的景物,你要添加什么让它们动起来?

预设:微风。

(2)微风吹拂,花、草、树、杨柳会怎么样?花瓣变成了花仙子,花仙子跳起舞来是怎样的？师点拨。

（3）出示词语：微风吹拂，花仙子翩翩起舞。

（4）请你将词语写在学习单上。

小结：这就是老师教你们的第二个法宝——"添加"，添加人的神态、添加其他景物、添加动力。

**（四）修改文段，尝试运用**

过渡语：有一位三年级的小朋友名叫小明，他也写了一处美景——菊花公园的一角。我们来看看他写得好不好。请你用刚才老师教给你们的两大法宝，帮小明把文章修改得具体、生动起来。

文段：

公园真美，种的是菊花。菊花开了，有许多花瓣。旁边种着树。都挺美的。

（1）完成学习单（10分钟）。

（2）反馈。

（3）示范提升（齐读）。

① 先用第一个方法，仔细"看"，"看"什么？花瓣、花蕊、花萼。看老师的修改：

菊花的花瓣是一条条的，有的向里卷着，有的向外舒展，有的略微弯曲，有的直接下垂。花蕊藏在里面了。

② 添加人的神态，请读下文。

改法一：

仔细一看，只见花瓣形态各异，有的使劲地向里卷着；有的优雅地向外舒展着；有的谦虚地弯曲着腰杆；有的威武地挺起胸脯。

改法二：

再看它们的姿态，有的像骄傲的绣球，炫耀着自己的漂亮；有的像好奇的小朋友，疑惑地望着周围的世界；有的像霸道的蘑菇，仿佛在说，这儿是我的地盘。当然，还有不少羞答答的花骨朵儿呢。真是姿态多变、婀娜多姿！

③ 添加其他景物。既可以添加同类的景物，也可以添加不同类的景物，请读下文。

花瓣前偶尔还有蜜蜂、蝴蝶。蝴蝶有白蝴蝶、红蝴蝶。好看的是黄蝴蝶，满身带着金粉，黄里点缀着黑点。蜜蜂则嗡嗡地飞着，它们满身绒毛，落到一朵花上，胖乎乎，圆滚滚，就像一个小毛球，停在上面一动不动了。

④ 添加动力。

微风吹来，一朵朵菊花变成了盛装的花仙子，翩翩起舞。婀娜的身姿，散发着阵阵幽香，虽比不上茉莉那么浓郁，也足以沁人肺腑。

**（五）课堂总结，课后延伸**

同学们，这仔细"看""添加"真是写作文的两大法宝。其实最美的风景不在眼前，而在心里。当你看到最美的风景时，就藏在心里，动笔写时用心仔细"看"，再用上三个添加的方法，那这幅美景就能通过文字呈现出来了。

**（六）布置作业**

请你以《路上的一处风景》为题目，写一篇习作。要求：内容具体、形象，语句通顺。

工作纸

"看"到了花的样子：


添加人的神态：

添加景物：

同类的有：

不同类的有：

添加"动力"：（一个即可）

| 小明的作文 | 修改 |
|---|---|
| 题目：菊花公园一角<br><br>公园真美，种的是菊花。菊花开了，有许多花瓣。旁边种着树。都挺美的。 | 仔细"看"<br>菊花的花瓣<br><br><br>添加人的神态<br>走近一看，只见花瓣形态各异，有的_____，有的_____，有的_____，还有的_____。<br>添加其他景物<br>菊花的旁边，_____。<br>添加动力<br>微风吹来，_____。 |

# 《故事二则》教学设计

## ——复习指导课：揭示故事道理的方法

## 【教材分析】

《故事二则》是部编版四年级上册第八单元第三课。本单元安排了《王戎不取道旁李》《西门豹治邺》和《故事二则》三篇课文。单元语文要素是了解故事情节，简要复述课文。《西门豹治邺》引导学生梳理故事的主要内容，练习简要复述；《故事二则》引导学生提取表示故事发展顺序的关键词句，练习简要复述，并从故事中领悟其中的道理。《扁鹊治病》告诉我们：要善于听取别人正确的意见，否则后果将不堪设想。《纪昌学射》告诉我们：无论学什么技艺，都要从它的基本功入手。这些故事生动有趣，发人深省，能给予学生多方面的教益。

## 【教学目标】

1. 认识"拜、侯"等6个生字，读准多音字"纪"。

2. 能抓住表示故事发展顺序的关键词句，练习简要复述故事。

3. 掌握透过故事、联结生活、寻找共同点的方法揭示故事中蕴含的道理。

## 【教学重难点】

1. 能抓住表示故事发展顺序的关键词句，练习简要复述故事。

2. 掌握透过故事、联结生活、寻找共同点的方法揭示故事中蕴含的道理。

## 【教学过程】

导入语：同学们，从小我们就听过很多故事。好的故事总能给我们美的熏陶、深刻的启迪。今天，我们将借助27课的两则故事，探寻揭示故事道理的方法。

### （一）阅读材料：《扁鹊治病》

**1. 检查预习**

问：读懂了吗？作者想通过故事告诉我们读者什么？完成学习单。

预设：治未病。

**2. 建立支架，辅助理解**

支架一：这个故事仅仅是告诉我们怎么治病吗？

那作者想透过治病这件事告诉我们什么呢？思考1分钟，请再补充答案。

（师口述两个错误答案）

师：当我们遇到不理解的事，最好的办法是什么？（多读几遍文章）

支架二：再读课文，完成《病历表》。

**蔡桓侯病历表**

| 时间 | 扁鹊治病 | | 蔡桓侯的态度 |
|------|------|------|------|
| | 诊断结果 | 治疗方法 | |
| 有一天 | 病在皮肤 | 热敷 | 不信 |
| 过了十天 | 病入皮肉 | 扎针 | 不睬 |
| 十天后 | 病到肠胃 | 吃汤药 | 不悦 |
| 又过了十天 | 病入骨髓 | 无能为力 | 不解 |
| 五天后 | 病死了 | | |

支架三：

① 扁鹊治病的主人公是谁？（蔡桓侯）他干了什么？生活中有没有蔡桓侯？

② 蔡桓侯的病原本是小病，因为不听名医扁鹊的意见，最后酿成大病，以至病死。

师：生活中有没有因小错误不改而造成大错误的？（思考1分钟）小组讨论、汇报。

预设：火灾、车祸、近视、肥胖、写字、计算等。

③ 同学们仔细观察一下，这个故事与这些生活中的例子有什么共同点？作者想告诉读者什么？（完成学习单）

预设：善于听取别人正确的意见，否则后果将不堪设想——防微杜渐。

④ 小结：揭示故事道理的方法：

A.透过故事　　　　B.联结生活　　　　C.寻找共同点

**（二）自学《纪昌学射》，完成学习单**

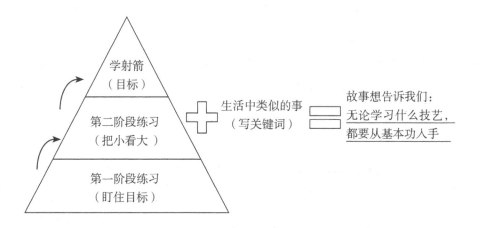

**1. 总结方法**

A. 透过故事　　　　　B. 联结生活　　　　　C. 寻找共同点

**2. 布置作业**

（1）阅读《鹬蚌相争》的故事，思考故事告诉读者的道理。

（2）推荐阅读《小故事，大道理》。

## 鹬蚌相争

有一天，天气晴朗，阳光普照，一只大蚌慢慢爬上河滩，展开两扇甲壳，十分惬意地晒着太阳。

这时候，从空中沿河飞来一只鹬鸟，它看见河蚌裸露出肥白的身体，又馋又喜，用长而尖的嘴猛地啄去。

大蚌吃了一惊，"啪"的一声合拢甲壳，便像铁钳一样，紧紧地钳住了鹬的尖嘴巴。

鹬死死地拉着蚌肉，蚌想回到河里去，却无法脱身；蚌紧紧地钳着鹬嘴，鹬鸟想拔出嘴飞走，可是使出全身力气也拔不出来。它俩谁也不肯让谁。鹬发怒地威胁说："今天不下雨，明天不下雨，你就会晒死在河滩上！哼，等着瞧吧！"

蚌也不甘示弱地说："你的嘴今天拔不出来，明天拔不出来，你就会饿死在这里！你等着看吧！"

鹬蚌越吵越厉害，相持不下，越钳越紧，争得精疲力竭。

这时，有个渔翁提着渔网沿河走来，看见鹬蚌相持不下，便毫不费力地把它们塞进鱼篓里，高高兴兴地带回家，做成了一顿美餐。

哲理启示：大敌当前，内部斗争应该让位于敌我斗争，只有相互礼让，一致对外，才能保存自己，克敌制胜。局部的利益要服从全局的利益，小利益要服从大利益。

附：

《故事二则》学习单

一、阅读《扁鹊治病》，完成练习。

1. 作者想通过故事告诉我们什么？

2. 蔡桓侯病历表。

| 时间 | 扁鹊治病 | | 蔡桓侯的态度 |
| --- | --- | --- | --- |
| | 诊断结果 | 治疗方法 | |
| 有一天 | 病在皮肤 | 热敷 | 不信 |
| 过了十天 | | | |
| 十天后 | | | |
| 又过了十天 | | | |
| 五天后 | | | |

二、自学《纪昌学射》，将下图补充完整。

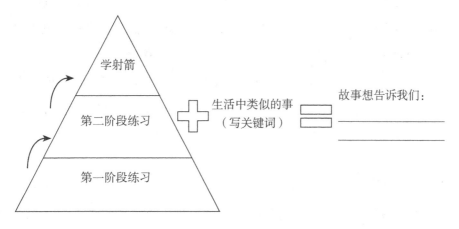

# 《母鸡》教学设计

## 【教材分析】

《母鸡》是小学语文四年级下册第四单元的一篇精读课文，是本单元出现的第二篇老舍先生的佳作，描写了作者对母鸡的看法的变化，表达了作者对母爱的赞颂之情。课文以作者的情感变化为线索，先抑后扬，形成了鲜明对比。前半部分写了无病呻吟、欺软怕硬和拼命炫耀的母鸡，后半部分则描写了母鸡的负责、慈爱、勇敢和辛苦，塑造了一位伟大的鸡母亲形象。作者对母鸡情感的转变全因母鸡角色的不同。选编这篇课文的意图：一是通过与《猫》进行对比阅读，感受作者在表现动物特点和表达情感上的异同；二是通过阅读课文，体会作者对母亲的崇敬以及对母爱的赞颂。学习这篇课文的重难点是体会作者透过母鸡所要表达的是对全天下母亲的赞颂，并通过比较老舍两篇文章的特点，揣摩并运用表现动物特点的写作方法。

## 【教学目标】

1. 了解作者对母鸡前后情感变化的原因。

2. 通过对比《猫》和《母鸡》写法上的特点，学习抓住动物的特点，写出喜爱之情。

## 【教学重难点】

1.体会作者如何透过母鸡表达对全天下母亲的赞颂。

2.通过对比《猫》和《母鸡》写法上的特点，学习抓住动物的特点，写出喜爱之情。

## 【教学准备】

学生自学老舍的《猫》，并完成预习单。

## 【教学过程】

### （一）数据引入，激发思维

（1）开学初，同学们刚拿到课本，就通读了整本语文书，从中找出自己最喜欢的课文和最不喜欢的课文，大家想知道统计结果吗？

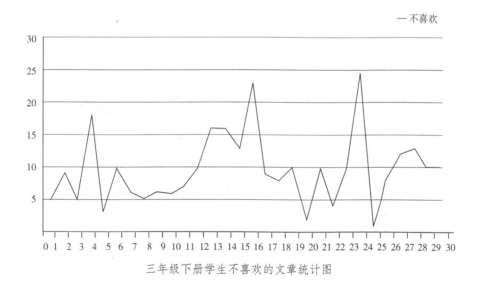

三年级下册学生不喜欢的文章统计图

（2）（投影呈现数据图）在这么多篇文章中，有一篇文章引起了教师的注意，有33.3%的学生把《母鸡》这篇课文列入最不喜欢的文章。同学们不喜欢这篇课文的原因主要有两点：

A. 这母鸡很讨厌。（内容层面）

B. 鸡经常见，没什么好看的。（写法层面）

（3）今天我们就来学习这篇文章，看看作者是不是真的不喜欢母鸡。（板书：母鸡）

**设计意图**：课前，学生通读了整本书，教师通过调查数据，直观明了地呈现结果——学生最不喜欢该篇文章，并梳理、总结了学生不喜欢的原因，以此作为教学的切入点，这样导入，既有趣，又有实效性。因为问题从学生中来，这能够有效激起学生研究学习该课文的兴趣，并达到了以学定教。

**（二）研读课文，释疑解难**

（1）快速浏览课文，思考：这母鸡很讨厌，你赞同这种说法吗？（自由发表意见）

预设问题1：文中哪些句子直接表明了作者的态度？（板书：一向讨厌，不敢再讨厌）

预设问题2：讨厌的原因是什么呢？不敢讨厌的原因又是什么呢？细读思考，归纳关键词，填写表格。（生口述汇报，师板书）

（2）鸡还是那只鸡，是什么改变了作者的看法？（角色）

（3）让人讨厌的母鸡因为做了鸡妈妈而让人陡生敬意，这就是母亲，所以文中说：

（投影：一个母亲必定就是一位英雄。）（朗读）

（投影：我不敢再讨厌母鸡了。）这背后是作者对母鸡深深的敬意。

请同学们带着深深的敬意读读这两句。

（4）（资料）读着读着，我们发现，作者不仅在赞美鸡母亲，还在赞美什么？（所有母亲）

出示老舍资料：

老舍，原名舒庆春。母亲41岁生下他。父亲去世之后，母亲成了一家之主。母亲只好拼命地洗衣裳和做缝补活。因为常年在冷水中浸泡，母亲的手终年是微肿和鲜红的。她待人宽厚、和善，有一副热心肠。在命运的打击下，她不低头。鬼子来了，满城是血光火焰，可是母亲不怕，她在刺刀下、饥荒中，保护着儿女。她靠自己的勤劳和勇气，把自己的孩子拉扯大，并通过言传身教，把自己的正直、善良、勤劳、诚实等好的秉性传给了老舍。老舍才八九岁，就能帮着母亲打下手。

（5）可话又说回来，既然老舍先生这么喜欢母鸡，直接写喜欢的内容不就行了？为什么还要写讨厌，他的用意何在？（小组讨论）（对比，衬托母鸡的伟大）

**设计意图**：围绕教学目标，为学生提供充足的与文本对话的时间，鼓励和信任学生自己能把文章读懂。教师的引导与点拨旨在帮助学生透过文本，找到作者的写作目的。该环节层层深入的问题、构设的矛盾冲突，让学生一直保持在激烈的思维中，并为后面的写法指导埋下伏笔。

**（三）对比阅读，体会表达**

（1）《母鸡》这篇文章先写了母鸡的缺点，后写其优点。其实任何人、任何动物都是有优缺点的，对比一下老舍先生写的《猫》，看看文章是怎么写猫的特点的。（自读，完成学习单）

猫的优缺点

小结：两篇文章都是表达喜爱的，都写出了小动物的优缺点。《母鸡》采用分开的写法，我们就叫它"鸡式写法"，而《猫》采用揉团的形式，我们就叫它"猫式写法"。

（2）仿写迁移。下面，请同学们选取一种写法，为你最喜欢的动物写一份提纲。（附学习单）

（3）反馈分享。

设计意图：《小学语文课程标准》指出，阅读重在方法的指导并加以运用。《猫》与《母鸡》均出自老舍笔下，两篇文章在表现动物特点上都抓住了动物的优缺点，然而它们在文章结构上截然不同。前后两种表格的填写可以使学生直观地厘清二者结构的特点：一是采用分开的写法，二是采用揉团的写法。通过仿写迁移，学生能体会到两种表达的曼妙。

**（四）总结提升，课外拓展**

（1）今天，我们学习了两种表现动物特点的方法，今后我们可以尝试运用这些方法来写人或动物。

（2）其实，还有很多作家也写过动物的文章。如苏联作家普里什文的作品《母鸡》、法国作家于·列那尔的作品《母鸡》等。（出示题目）还有一位作家写过一系列动物小说。（出示：沈石溪动物小说集图片）课后，同学们找出来看看。

**设计意图：**略读课文以略读为主、以精讲为辅，充分让学生自己读书，以合作交流为主，辅之以教师的引导点拨。以一篇带多篇、推荐书目，为学生提供更多的时间运用方法，自主阅读，激发学生从读懂一篇文章到读整本书的愿望和热情，既进行了有效的阅读方法训练，又扩充了学生的阅读量。

## 【板书设计】

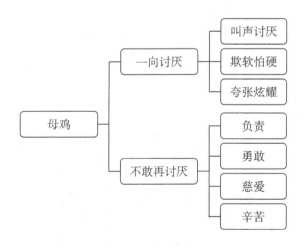

附：

### 《母鸡》预习单

一、熟读课文，找出作者的情感变化及其原因。

二、选一种自己喜欢的动物，细致观察并列出这种动物的三个缺点和三个优点。

我喜欢的动物是：（　　）

缺点：（　　）（　　）（　　）

优点：（　　）（　　）（　　）

### 《母鸡》学习单

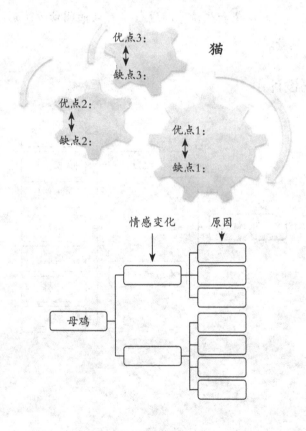

提纲一：

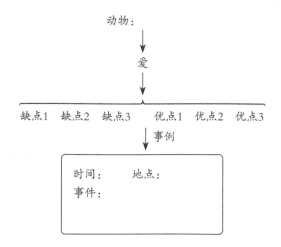

提纲二：

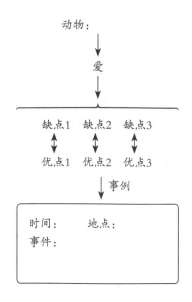

# 《古诗三首》教学设计

## ——统编版义务教育教科书语文五年级上册第12课

## 【教材分析】

本单元的语文要素是：结合资料，体会课文表达的思想感情。学生在中年级已经学过了查找、整理资料的基本方法，本单元的教学重点是引导学生结合资料，更深入地理解课文内容，体会课文的思想感情。

本课由宋代陆游的《示儿》、宋代林升的《题临安邸》和清代龚自珍的《己亥杂诗》三首古诗组成，这些古诗都表达了诗人强烈的爱国情感。但是三首诗所反映的社会角度又是不一样的。《示儿》是南宋爱国诗人陆游的绝笔，诗中作者以遗嘱的口吻表达了对南宋统治者屈辱求和、苟且偷安的无比愤慨，以及对收复失地洗雪国耻、重新统一祖国的无比渴望。诗的前两句写诗人临终时感到悲哀的不是个人生死，而是见不到祖国的统一；后两句写诗人相信失去的家园一定会被收复的坚定信念。这首诗言辞悲壮深沉，巧妙地运用诗人临终前这一特殊情况下的特殊心理设置矛盾，在矛盾中展示诗人渴望祖国统一的心情。《题临安邸》是一首政治讽刺诗，表现了南宋的统治者们在南逃至临安后，依然穷奢极欲、置国耻家难于不顾而终日沉湎酒色香风中的种种丑态，也从一个侧面反映了中原沦陷的原因及江南面临的命运。《己亥杂诗》是清代诗人龚自珍在己亥年写的组诗中的一首，表达了诗人期待着杰出人物的涌现、期待着改革大潮、涤荡旧势力的决心和抱负，抒发了作者强烈的爱国热情。三首诗重在引导学生结合注释和相关资料，理解诗句的意思，体会诗人的情感。

## 【教学目标】

1. 识记和理解"乃""亥""祭""熏""恃"等字，正确书写"祭""熏"。

2. 借助注释、资料自主学习，能正确理解古诗大意。

3. 正确、流利、有感情地朗诵古诗，并在反复诵读中，体会诗人的爱国情怀。

4. 学习并尝试运用查阅资料、抓关键词、对比阅读的方法理解古诗。

## 【教学重难点】

学习并尝试运用查阅资料、抓关键词、对比阅读的方法理解古诗。

## 【教学准备】

1. 教学PPT。

2. 学生收集相关资料（经历、年代等）。

3. 学习单。

## 【教学过程】

### 第一课时

**（一）主题引入**

在灿烂的中华文化中，有一种感情是不变的传承；在浩瀚的诗歌海洋里，有一种文字总是能带给我们力量。这就是传承千年的爱国情怀，这就是吟诵千年的爱国诗歌。今天我们就来学习三首爱国诗《示儿》《题临安邸》《己亥杂诗》，体会诗人饱受的国殇之痛。

**（二）借助注释，理解字词**

（1）自学古诗，出示要求：自由读古诗，结合注释，理解诗意。不懂之处可小组交流。

（2）生讨论交流难读、难写的字词，师指导。

相机引导：

①识解"祭"：出示甲骨文字形图片，理解"祭"字本义，练习书写。

②理解"熏"的意思：吹，用于温暖馥郁的风。练习书写。

③恃：形近字"待""等"。

（3）再读古诗，读准字音。

（4）检查反馈，完成《学习单》。

**设计意图**：在初读环节中充分发挥学生的学习主体性，放手让他们自学，教师再相机进行指导，充分培养了学生们自主学习的能力和意识。同时，借助注释的学习方法不仅为后面的学习奠定了基础，也为学生们今后的古诗文学习积累了方法。

**（三）整体感知，疏通诗意**

（1）小组合作，借助注释，说说每首诗讲了什么。

（2）反馈。

预设：

《示儿》：原本知道死去之后就什么也没有了，只是悲哀没有见到国家统一。当大宋军队收复了中原失地的那一天时，你们举行家祭时不要忘了告诉我！

《题临安邸》：青山无尽楼阁连绵望不见头，西湖上的歌舞几时才能停休？暖洋洋的香风吹得贵人如醉，简直是把杭州当成了汴州。

《己亥杂诗》：要是这么大的中国重新朝气蓬勃，靠的是像疾风迅雷般的改革。像万马齐喑一样的局面，毕竟让人心痛。我奉劝皇帝能重新振作精神，不要拘守一定规格，降下更多的人才。

**设计意图：**在理解字词的基础上，这个环节让学生们小组合作，互相交流，尊重学生对古诗的初始印象，使学生们对诗歌的大意、主题、感情基调均有一个初步的、整体的把握，为后面走进诗人内心的环节做铺垫。

**（四）学法指导，感受诗情**

**学法一：查阅资料，走近诗人。**

（1）学习古诗，我们知道了古诗的大意，还要走进诗人的内心去感受情感。《示儿》这首诗是陆游的绝笔诗，在他85岁高龄的时候，久病在床，知道自己将不久于人世，于是用颤抖的手写下了这首诗，向儿子交代了自己的遗嘱。

（2）这份遗嘱的内容是什么？诗中哪个词直接将其写了出来？（九州同）

（3）为什么南宋不能统一？

**资料拓展：**陆游所处的南宋是我国历史上民族矛盾异常尖锐的时代。北方的金兵屡屡进犯，宋军节节败退，最后国都汴州被金兵占领，从此山河破碎。朝廷向南逃到临安定居，建立南宋政权，这种状态一直持续了95年。

**学法二：抓关键词，体会情感。**

（1）聚焦关键词"悲"。

① 诗中哪个字词强烈地表现出陆游此刻的心情？（悲）

② 此刻的陆游是害怕死亡吗？陆游的悲伤是因为_____。（读前两句）

③ 在这里，你读出了陆游是个怎样的人？（爱国）

④ 指导朗读：

一个爱国的人，他怎么能容忍祖国不统一，他把所有的悲伤都融入了这两句诗中。学生朗读。

已经85岁的他躺在病榻上看到失地仍没有收复，他悲伤地说——（齐读）

一直到临终前一刻，诗人看到的依然是山河破碎，此时的复杂心情怎一个"悲"字了得！（齐读）

（2）聚焦关键词"无忘"。

① 这首诗仅仅表达了诗人的悲吗？你还读出了诗人的什么感情？

即使悲伤失望，但老人从未绝望，哪个词写出了他寄托的希望？（无忘）

② 为了这个日子的来临，诗人一生都在盼！

**资料拓展：**陆游出生才2岁，北宋就城破国亡，诗人跟随家人饱受颠沛流离之苦。20岁的时候，他就立下了亲临战场、杀敌报国的志向。

上马击狂胡，下马草军书。

——《观大散关图有感》

壮年时的陆游日思夜想，连梦里都在期待着这个日子。

三更抚枕忽大叫，梦中夺得松亭关。

——《楼上醉书》

82岁的陆游已是耄耋老翁，却仍然把自己比作一匹老马，写下这样的豪言壮语。

一闻战鼓意气生，犹能为国平燕赵。

——《老马行》

③ 这一盼，从风华正茂的少年盼成了85岁高龄的老者，65年的等待，两万三千多个日日夜夜啊，这是多么漫长的等待，这是多么揪心的盼望啊！

临终前，他嘱咐儿女——；他抓着儿子的手，一再叮嘱——（生反复读后两句）

④ 诗人生前的愿望就是其留给儿子的遗嘱。《示儿》是诗人一往情深、至死不渝的盼！区区28个字，让你感受到了什么？（爱国）

⑤ 学法总结：虽然陆游的这首临终绝笔寥寥数语，但是读起来感人至深，原因是我们抓住了关键词"悲"和"无忘"，寻找到了作者想要表达的情感。这是学习古诗词的一种方法——抓关键词，体会情感。

**设计意图**：聚焦"悲"与"无忘"两个关键词，在文字史料之余，引用古诗铺垫了南宋史实背景与诗人的生命历程，对诗人的历史背景、诗人情感有更深的体会，从而构筑起陆游更为丰满的形象。同时注重学法的总结，关注学生能力的提升。

**（五）对比阅读，在朗读中升华情感**

**1. 永远的遗憾**

这位满怀爱国豪情的老人怀着一生的心愿与遗憾走了，他的愿望实现了吗？（出示《书陆放翁诗卷后》节选）

青山一发愁蒙蒙，干戈况满天南东。

来孙却见九州同，家祭如何告乃翁！

陆游的子孙看到了全国统一，但是蒙古大军强占中原大地而建立元朝，南宋灭亡了。是呀，这不是陆游所希望的那种统一，这样的消息该如何告诉他老人家呢？让我们带着深深的遗憾背诵全诗。

**2. 永恒的情怀**

习近平总书记说，中国梦的基本内涵是实现国家富强、民族振兴、人民幸福。中国梦凝结着无数仁人志士的不懈努力，承载着全体中华儿女的共同向往。读了陆游的《示儿》，你一定也感受到了陆游——这位伟大的爱国诗人——心中的中国梦。

虽然陆游的愿望成了永远的遗憾，但是他的后代大都继承了他的爱国情怀。在他的孙辈中，有这样三人：陆元廷"闻宋军兵败崖山忧愤而死"，陆传义"崖山兵败后绝食而亡"，陆天骐"在崖山战斗中不屈于元，投海自尽"。

（学习纸）如果有一台时光穿梭机，让你与陆游见上一面，你有什么想对他说的呢？

**3. 小结**

祖国是历代中华儿女不变的情怀。陆游不仅仅是嘱托他的儿女，更是教导我们要爱国！正如《少年中国说》所言："今日之责任，不在他人，而全在我少年。"让我们把《示儿》这首诗再读一遍，记住诗人陆游，记住他的遗愿，为中国梦的实现时刻准备着。

**设计意图**：将这首诗放在了一个更为广阔的时代背景中来重新认识其价值与意义，给予学生运用学法的平台，同时引领着他们树立正确的价值观。

**（六）板书设计**

## 第二课时

**（一）查阅资料，走近诗人**

（1）面对金兵大举进犯，国土四分五裂，百姓流离失所，在痛心之余，你最想质问谁？问什么问题？

预设：官员们到哪里去了？为什么士兵不抵抗？

（2）国难当头的危急时刻，朝廷的官员们到哪里去了？这不仅是你的质问，也是林升的质问，他把他的质问写在了临安的墙壁上。（出示《题临安邸》）

山外青山楼外楼，西湖歌舞几时休？

暖风熏得游人醉，直把杭州作汴州。

**资料拓展：**北宋靖康元年（1126），金人攻陷北宋首都汴梁，俘虏了宋徽宗、宋钦宗两个皇帝，中原国土全被金人侵占。赵构逃到江南，在临安即位，史称南宋。南宋小朝廷并没有接受北宋亡国的惨痛教训而发愤图强，当政者不思收复中原失地，只求苟且偏安，对外屈膝投降，对内残酷迫害岳飞等爱国人士；政治上腐败无能，达官显贵一味纵情声色，寻欢作乐。

**设计意图：**《题临安邸》与《示儿》两首诗都写于南宋时期，诗人的写作背景相似。因此在学习《题临安邸》时承接第一课时《示儿》进行设计，使学生对南宋历史的感知、诗歌内涵的解读更为立体，从而培养他们的整体意识。

### （二）抓关键词，体会情感

**1. 品读"山外青山楼外楼，西湖歌舞几时休"之愤**

（1）"几时休"是作者向谁提出的控诉？

（2）统治者们在做什么？（寻欢作乐、载歌载舞……）

（3）朗读指导。

面对小孩子们的质问，没人理会，你忍不住说——（读）

面对诗人林升的质问，没人理会，诗人气愤地说——（读）

面对老百姓的质问，依然没人理会，老百姓无可奈何地说——（读）

**2. 品读"暖风熏得游人醉，直把杭州作汴州"之痛**

（1）聚焦"暖风"。

自古以来，诗人甚爱借暖风抒发情感：

暖风迟日也，别到杏花肥。

——［宋］李清照《临江仙·梅》

春日的暖风，别一下就让时间来到杏花盛开的时节了。表达了诗人对韶华易逝的怅惘。

暖风不解留花住，片片着人无数。

——［宋］苏轼《桃源忆故人·暮春》

温暖的春风不懂得留住花，却将它一片片地吹落到人们身上。突出暖风不解无情。

暖风熏细草，凉月照晴沙。

——［明］李贽《独坐》

微醺如酒的春风拂弄着细细的草叶，皎洁的月光映照在沙滩上。借暖风写出诗人在有客人来访时的欣喜。

（2）而这首诗中的"暖风"指的是什么？（官员的萎靡风气）你有

什么感受？试着读出你的体会。

**设计意图：**本环节聚焦暖风与杭州，仿佛一线穿珠，以关键词穿起整首诗歌的理解，学生们对南宋的历史理解更为深入，也对诗歌所表达的情感有了更深刻的体会。学生们的学习有支点，思维也更为活跃。

**（三）对比阅读，朗读升华情感**

（1）（出示地图）临安，也就是杭州，那只是南宋政权临时苟安之地，汴州（现在的河南）才是大宋都城。当时一位在杭州卖地图（也就是《地经》）的读书人写下：

白塔桥边卖地经，长亭短驿甚分明。

如何只说临安路，不较中原有几程。

（2）大家竟忘了家仇、国耻，人人苟安，个个偷生，诗人的心情如何？（痛心）朗读诗句：暖风熏得游人醉，直把杭州作汴州。

（3）对比阅读，情感交织。

当朝廷的官员们载歌载舞的时候，外面却是——（生读）风卷江湖雨暗村，四山声作海涛翻。（陆游《十一月四日风雨大作》）

想到这些，诗人悲愤地说——（生读）山外青山楼外楼，西湖歌舞几时休？暖风熏得游人醉，直把杭州作汴州。

一边看到的是青山、楼外楼、西湖歌舞和醉生梦死的官员们，一边看到的却是——（生读）遗民泪尽胡尘里，南望王师又一年。

想到这些，诗人悲愤地说——（生读）山外青山楼外楼，西湖歌舞几时休？暖风熏得游人醉，直把杭州作汴州。

一边是老百姓凄凉的生活——（生读）丈夫力耕长忍饥，老妇勤织长无衣。一年两度请官衣，每月请米一石五。（南宋诗人徐照《促促词》节选）

另一边却是暖风熏得游人醉，直把杭州作汴州。

想到这些，诗人悲愤地说——山外青山楼外楼，西湖歌舞几时休？

**设计意图**：两种截然不同的画面、诗歌进行对比，"以诗解诗"的方式将相关背景连成一片，成为一幅幅鲜活的画面、一幕幕立体的场景，学生们更能感诗人之所感，想诗人之所想。

**（四）探讨《示儿》《题临安邸》两首诗的共同点，总结学法**

（1）探究：《示儿》《题临安邸》两首诗的共同点。

引导归纳：特定的环境、感受深刻、关键诗眼体现情感、都是爱国诗。

（2）总结学法：

① 查阅资料，走近诗人。

② 抓关键词，体会情感。

③ 对比阅读，朗读升华情感。

**设计意图**：在理解两首诗的基础上，给予学生充分的平台，放手让学生们自主探究。学生们在兴致盎然中对两首诗进行整体把握，并回顾总结学法，旨在帮助学生提高学习能力与语文素养。

**（五）借助资料，自学《己亥杂诗》**

**1. 运用学法，自学古诗**

时代背景资料一：1840年爆发了鸦片战争，此前大清王朝正在被外国人烧杀抢掠，清朝统治日趋腐败，对人民的剥削压迫加重，国内阶级矛盾日益激化，人民群众的反抗斗争此起彼伏，清王朝的统治面临深刻的危机。英国向中国大量走私特殊商品——鸦片，鸦片的输入严重败坏了社会风尚，摧残了人民的身心健康。龚自珍清醒地看到了清王朝已经进入"衰世"，是"日之将夕"；他批判封建统治的腐朽，揭露封建社会没落趋势、呼唤改革。

作者资料二：龚自珍出生在书香门第，曾任内阁中书、宗人府主事和礼部主事等官职。那首"落红不是无情物，化作春泥更护花"是他的人生写照——忧国忧民，甘愿为国牺牲。他的诗文主张"更法""改图"，揭露清王朝统治者的腐朽，洋溢着爱国热情，被柳亚子誉为"三百年来第一流"。

创作资料三：因多次抨击时弊，针对当时官场存在的问题出现了许多犀利的言论，受到权贵们的打压，48岁的龚自珍愤然选择辞官南归，离别亲朋好友，愁肠百结，由北京南返杭州，后又北上接取家属，在南北往返的途中，他看着祖国的大好河山，目睹生活在苦难中的人民，不禁触景生情，思绪万千，即兴写下了一首又一首诗，接连创作了350首著名诗作《己亥杂诗》。

**2. 自由分享，相机点拨**

（1）龚自珍的这首《己亥杂诗》跟以往的爱国诗有很大的不同，诗里不仅写了当时的国家情景，而且提出了自己帮助国家的建议。

作者的建议真的会受到朝廷的重视吗？朝廷会听从龚自珍的建议，大量招收人才来改变"万马齐喑"的社会吗？此时的龚自珍看到国家支离破碎，被外人欺辱，他的内心着急吗？那当他再读自己的"我劝天公重抖擞，不拘一格降人才"这句诗时，又会是什么感觉呢？试着读一读。

（2）假如你是龚自珍，你想对清王朝说些什么？（完成《工作纸》）

（3）推荐阅读，拓宽视野。

出示爱国主题的古诗：《春望》（杜甫）、《夏日绝句》（李清照）、《过零丁洋》（文天祥）。

小结：中华上下五千年，爱国诗及爱国诗人灿若星辰。孩子们，课后请搜集中国的爱国诗人及爱国诗歌，为主题活动"品读古诗中的爱国情怀"的开展做好准备。

**设计意图**：本单元在导读中明确提出"结合查找的资料，体会课文表达的思想感情"。在上一环节中,学生们总结了学习诗歌的方法,最后一首《己亥杂诗》的学习,将相关背景资料提供给学生,让学生们自己尝试运用学法,进而真正掌握学法。主题活动的设计将引导学生们从一首诗读到一个人,进而从一组诗读到一群人,拓展学生们的阅读视野。

附:

## 预习单

1.读一读。

祭 乃 熏 杭 亥 恃 衰 拘

2.比一比,再组词。

乃( ) 熏( ) 杭( ) 恃( )

奶( ) 重( ) 抗( ) 待( )

3.我查找到的资料。

|  | 《示儿》 | 《题临安邸》 | 《己亥杂诗》 |
|---|---|---|---|
| 关于作者 |  |  |  |
| 关于背景 |  |  |  |
| 关于诗意 |  |  |  |

4.我还知道这些爱国诗。

## 练习单

1.正确书写以下生字。

祭 熏 亥 恃

| | | | | | | | | |
|---|---|---|---|---|---|---|---|---|

2. 如果有一台时光穿梭机，让你与陆游见上一面，你有什么想对他说的呢？

3. 读一读以下几首诗，感受不同时期、不同诗人所传递出来的爱国情。

### 春 望

[唐] 杜甫

国破山河在，城春草木深。感时花溅泪，恨别鸟惊心。
烽火连三月，家书抵万金。白头搔更短，浑欲不胜簪。

### 夏日绝句

[宋] 李清照

生当作人杰，死亦为鬼雄。
至今思项羽，不肯过江东。

### 过零丁洋

[宋] 文天祥

辛苦遭逢起一经，干戈寥落四周星。
山河破碎风飘絮，身世浮沉雨打萍。
惶恐滩头说惶恐，零丁洋里叹零丁。
人生自古谁无死？留取丹心照汗青。

读完这三首诗，你们一定有很多想说的，现在把你们想说的写下来吧。

# 《真理诞生于一百个问号之后》教学设计

## ——透过字面，理解含义深刻的词句

### 【教材分析】

《真理诞生于一百个问号之后》是人教版义务教育课程标准实验教科书六年级下册第五单元的一篇议论文，这是小学阶段唯一一篇真正意义上的议论文。课文主要用事实论述了只要善于观察，不断发问，不断解决疑问，锲而不舍地追根求源，就能在现实生活中发现真理。

通过六年的语文学习，小学六年级的学生有了一定的自学能力，能够独立自学生字词，并基本读懂课文。该课的设计把重点落在掌握理解议论文中重点词句的深刻含义的方法，这将为学生进入初中学习议论文搭建一个坚实的基础。本课的设计是在学生充分自学的基础上，巧妙地设计问题，并充分运用学习单，帮助学生找到重点词句的内在含义，为学生学法的迁移找到了有效的桥梁。

### 【教学目标】

1. 通过自主阅读，明白作者是如何一步步进行论述的。

2. 体会文章用具体事例说明一个观点的方法。

3.掌握理解议论文中重点词句的深刻含义的方法。

## 【教学重难点】

1.能从具体事例中理解"真理诞生于一百个问号之后"的含义。

2.掌握理解议论文中重点词句的深刻含义的方法。

## 【课时安排】

两课时。

## 【教学准备】

1.第一课时自学，完成自学纸。

2.准备课堂《学习单》。

## 【教学过程】

课前谈话：同学们，在上节课自习前，老师跟同学们讲过议论文的结构是什么？它由三部分组成（相机投影：提出观点、证明观点、总结观点）。证明观点时通常要找事例证明，一般情况下，要讲几个事例呢？（三个）

同学们聆听得很仔细，下面我们开始上课。

（一）检查自学

今天，我们一起来学习第20课（生齐读课题），学习课文前，老师先检查同学们上节课的自学情况（投影：检查自学）。请大家拿出课堂听写本准备听写。

（1）听写：司空见惯、无独有偶、见微知著。

（投影字词）请同学们对照一下屏幕，有错的订正一下，全对的把所有词语小声读一遍。

（2）抽查表格。

**学生观点示例**

| 提出观点 | 证明观点 | | 总结观点 |
|---|---|---|---|
| 真理诞生于一百个问号之后 | 事例1 | 从洗澡水的旋涡中发现与地球自转有关 | 科学发现需要见微知著，善于发问，不断探索 |
| | 事例2 | 从紫罗兰溅到盐酸变红发明了石蕊试纸 | |
| | 事例3 | 从睡眠时眼珠转动中发现与做梦有关 | |

（3）"见微知著"是什么意思？课文里的"微"指的是什么？"著"指的是什么？

（见到事情的苗头，就能知道它的实质和发展趋势）

（4）小结：看来同学们的自学完成得挺好的，基本读懂了这篇议论文，知道作者提出了一个观点——真理诞生于一百个问号之后，并通过三个事例来证明，最后得出结论。

**（二）细读课文，交流感悟**

过渡：但是有些事情，我们往往看到的只是表面，它的本质还在后头呢？比如说——

（1）（投影：真理诞生于一百个问号之后）这个"问号"仅仅指的是"？"吗？（投影："问号"仅仅指的是"？"吗？）

（2）认为不是的同学请举手。很好，同学们很聪明。

（3）那它不仅仅是"问号"，还是什么呢？请同学们打开书，自由读课文思考。（投影：这个"问号"还指什么？）

（4）学生自由读课文。

（5）反馈：找到答案了吗？不会的请举手。

师：没关系，这个问题的确挺难的，它也是本课学习的重点。下面请同学们拿出《学习单》，借助表格，一边看书，一边思考这个真理发现的过程。

（6）学生自读自思。

（7）小组讨论，把表格填好。

发现真理的过程：

事例一：

| | | |
|---|---|---|
| → | | |

事例二：

| | | |
|---|---|---|
| → | | |

事例三：

| | | |
|---|---|---|
| → | | |

（8）反馈。

（9）引导：从这个表格，我们可以发现，真理诞生于一百个问号之后，这个"问号"就是三个过程，哪三个过程呢？首先是……接着是……然后是……（相机把各方块变色）

请同学们分别提炼概括出来，每个过程最好四个字，可以小组讨论完成。

（10）反馈：发现现象—提出问题—解决问题。

师：学到这里，我相信你们应该能回答一开始的这个问题。（投影："问号"在本文中指的是什么？）（投影："问号"指的就是发现现象—提出问题—解决问题的过程。）

师：而真理就是在这一系列探索过程之后诞生的，课文用了两个符号很形象地把这个过程表示出来，请同学们找一找。（板书：？→！）

（投影：纵观千百年来……）

全班齐读：纵观千百年来……

**（三）总结学法，迁移学法**

（1）刚才我们解决了"真理诞生于一百个问号之后"的这个"问号"不仅仅指"？"，让我们一起来回顾、总结一下刚才这个问号我们是怎么读懂的？（板书：透过字面，抓住例子，找出结论）

（2）下面我们把这种学习方法迁移过来读《谈骨气》。思考："骨气"指的是什么？

（3）反馈：这个"骨气"是指：A．面对艰难的处境；B．坚持一种原则或信念；C．绝不动摇。

**（四）总结全文**

孩子们，今天我们不仅认识了议论文是怎样的一种文章，而且重点学会了用一种方法去读懂议论文。在我们生活中还会碰到各种各样的议论文，希望同学们在课余多找些议论文读读。

**【板书设计】**

20. 真理诞生于一百个问号之后

学法指导：

穿透字面

抓住例子　　　？ → ！

重点分析

附：

《真理诞生于一百个问号之后》自学纸

一、自学生字词

洗澡　机械　逆时针　玫瑰　领域

司空见惯　无独有偶　见微知著

二、选三个新词，连成一段话

三、填写表格

| 提出观点 | 证明观点 | | 结论 |
| --- | --- | --- | --- |
| | 事例1 | | |
| | 事例2 | | |
| | 事例3 | | |

《真理诞生于一百个问号之后》学习单

一、发现真理的过程

事例一：

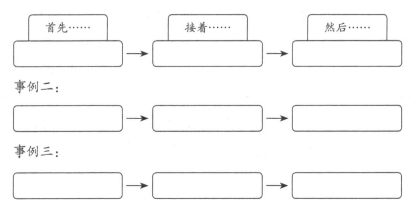

事例二：

事例三：

二、学法迁移

## 谈骨气

吴 晗

我们中国人是有骨气的。

南宋末年，首都临安被元军攻入。丞相文天祥组织武装力量坚决抵抗。失败被俘后，元朝劝他投降，他写了一首诗，其中两句是："人生自古谁无死，留取丹心照汗青。"意思是人总是要死的，就看怎样死法，是屈辱而死，还是为民族利益而死？他选取了后者，要把这片忠心记录在历史上。文天祥被拘囚在北京一个阴湿的地牢里，受尽了折磨，元朝多次派人劝他，只要投降，便可以做大官，但他坚决拒绝，终于在1283年被杀害了。

另一个故事是古代有一个穷人，饿得快死了，有人丢给他一碗饭，说："嗟，来食！"（喂，来吃！）饿人拒绝了"嗟来"的施舍，不吃这碗饭，后来就饿死了。不食嗟来之食这个故事很有名，流传了千百年，也是有积极意义的。那人摆着一副慈善家的面孔，吆喝一声"喂，来吃！"这个味道是不好受的。

还有个例子。民主战士闻一多是在1946年7月15日被暗杀的。在这之前，朋友们得到要暗杀他的消息，劝告他暂时隐蔽，他毫不在乎，照常工作，而且更加努力。明知敌人要杀他，他拍案而起，横眉怒对特务的手枪，宁可倒下去，也不愿屈服。

我们要有自己的英雄气概，有自己的骨气。这就是决不向任何困难低头，压不扁，折不弯，顶得住，吓不倒。

思考："骨气"指的是什么？

# 《庐山的云雾（第二课时）》教学设计

## 【教学目标】

1. 能正确、流利、有感情地朗读课文、背诵课文。在具体语境中理解"千姿百态""瞬息万变""流连忘返"等四字词语表达的意思，积累词语，会用"流连忘返"造句。

2. 默读课文，抓住中心句（或中心词），读懂每一段的内容。学习围绕中心句写具体的总分构段方式，能仿照第二、三自然段的写法，清楚、具体地描写一处景物。

3. 反复朗读课文，展开想象，在具体的语境中理解文中四字词语、生动比喻等语言表达的意思，认识排比句，体会庐山云雾"千姿百态、瞬息万变"的美，感受课文中蕴含的语言美、画面美，激起学生对祖国山河的热爱之情。

## 【教学重难点】

教学重点：反复朗读课文，展开想象，在具体的语境中理解文中四字词语、生动比喻等语言表达的意思，认识排比句，体会庐山云雾"千姿百态、瞬息万变"的美，感受课文中蕴含的语言美、画面美，激起学生对祖国山河的热爱之情。

教学难点：抓住中心句（或中心词），读懂每一段的内容，学习围绕中心句写具体的总分构段方式，能仿照第二、三自然段的写法，清楚、具体地描写一处景物。

## 【教学准备】

1. 通过自主预习课掌握本课生字新词。

2. 通过自主预习课能正确、流利地朗读课文。

3. 大致了解每个自然段的意思，把握课文的主要内容。

4. 查找庐山的相关资料。

## 【课时安排】

一课时。

## 【教学过程】

### （一）情境导入

导入语：上节课我们学习了《庐山的云雾》这篇课文的生字词，知道这篇文章描写了庐山云遮雾罩时的景色。这节课，我们将继续走进庐山，领略庐山的美。

（图片介绍庐山）庐山位于我国江西省九江市，以雄、奇、险、秀闻名于世，吸引了络绎不绝的游客。这里有高峰，有幽谷，有瀑布，有溪流，还有各种珍稀的植物、动物，庐山的云雾茶是全国十大名茶之一。

庐山留给每个游客太多美好的记忆，诗人李白、苏轼也到过庐山，写下了美丽的诗篇。

### 望庐山瀑布

［唐］李白

日照香炉生紫烟，遥看瀑布挂前川。

飞流直下三千尺，疑是银河落九天。

### 题西林壁

［宋］苏轼

横看成岭侧成峰，远近高低各不同。

不识庐山真面目，只缘身在此山中。

而今天的这篇文章，作者没有选择这里的山、这里的石、这里的水来写，而是选择了庐山的云雾来写，让人印象深刻、陶醉其中。现在，就让我们走进庐山。

**（二）学习第二自然段，揣摩写法**

（1）默读课文第二、三自然段，思考：庐山的云雾给你留下了什么印象？它有什么特点？（千姿百态、瞬息万变——变幻无常）

（2）找一生读第二自然段，学生思考：文中写了云雾的哪几种姿态？每种姿态像什么？

笼罩山头→（白色绒帽）

缠绕半山→（条条玉带）

弥漫山谷→（茫茫大海）

遮挡山峰→（巨大天幕）

## 云雾的姿态

| 云雾的姿态 | 像…… |
| --- | --- |
| 笼罩山头的云雾 | 白色绒帽 |
|  |  |
|  |  |

（3）现在，选择你最喜欢的一种云雾的姿态，美美地读给你的同桌听，再说说你喜欢它的理由。（生汇报，师指导朗读。）

（指名朗读课文，看看你眼前浮现出怎样的画面？）

①重点指导：比喻句的特点。

②再指名朗读课文，注意边听边想象，你能借助作者的想象，把云雾的姿态展现在眼前吗？说说作者的比喻好在哪里？

**交流，预设指导：**

"白色的绒帽"为什么要写清是"白色"的绒帽？（体会云雾的颜色）比作"绒帽"和"帽子"有什么不同？（体会云雾飘飘的感觉）读读这句话，云雾的特点从"白""绒"就体现出来了，要读好。

比作"一条条玉带"，和"一条带子"相比，你觉得好在哪里？（引导抓住"一条条"体会云雾多，"玉"字写出晶莹剔透的美）读读这句话，多美的玉带，要读出这种美。

比作"茫茫的大海"让你感觉弥漫山谷的云雾怎么样？（看不见远方，到处都是，如同大海无边无际）怎样读出这种感觉？

"天幕"是什么意思？大不大？"巨大的天幕"让你想到了怎样的景象？把这种感觉读出来。

（4）同样是云雾，为什么作者一会儿把它比作帽子，一会儿比作玉带……是因为云雾的位置不同，作者看到的云雾的形态也不一样，这就是"千姿百态"。试着读出这种变化。

（5）尝试背诵：让我们把这美景、这优美的文字永远留在心里，咱们试着背一背好不好，先回忆一下不同位置的云雾都是什么样子的。自己轻声试着背一背。

现在我把表示云雾不同位置的词语也去掉了，你还能背出来吗？我们一起来，没有把握的同学可以看着书读一读。

（6）课堂仿写。

作者看到这千姿百态的云雾，展开丰富的想象，运用形象的比喻把庐山的云雾描写得如此传神。在我们生活的地方——高陂也有很多山，让我们也展开丰富的想象，写写高陂山上的云雾。

课件出示几张高陂山的云雾图，完成《学习单》。

（7）体会写法：先总后分、总起句。

① 所以作者说："庐山的云雾千姿百态。"（投影，生齐读）同学们读的这一句就像首领一样，统领整个自然段。我们把这样的句子叫作总起句。请把这三个字旁批在这句话旁边。（师板书：总起句）

② 全文还有哪段也是采用总分结构？

**（三）自学第三段**

（1）作者是怎样具体描写出它瞬息万变的特点的呢？

（2）填表：轻烟—九天银河—白马—冰山。

（3）仅仅有这些变化吗？你从哪个标点符号看出来的？

师：同学们，快看看这云雾又变成什么了？你们看，眼前的云雾说变就变——

眼前的云雾，刚刚还是一泻千里的九天银河，转眼间就变成了——（一群温顺可爱的小绵羊、奔跑的雄狮）

刚刚还是……转眼间……

明明是……还没……

师：云雾的变化不仅姿态多，更神奇的是，它变化的速度还特别快。通过你的朗读让我们感受到这一特点吧！

（4）过渡：这些变化就在我们一眨眼、一喘息的时间里进行，这就叫"瞬息万变"，你觉得"瞬"在这里是什么意思？（一眨眼）

师：是啊，变化速度这么快，真神奇啊！

置身这"千姿百态"的云雾之中，你们舍得离去吗？

欣赏到这"瞬息万变"的云雾，你们还想踏上回家的归程吗？

来到庐山的人们都会有这样的感受——（云遮雾罩的庐山真令人流连忘返）

（5）用"流连忘返"造句子。

（6）此时此刻，相信同学们一定被庐山的云雾深深地吸引了，我们真是流连忘返，让我们再一次美美地朗读一下课文吧，试着背诵下来。

**（四）总结写法**

作者在写云雾特点时，都是先通过总起句概括来写，再通过形象的比喻、大胆的联想，把这一特点写具体的。我们也可以仿照第二、三自然段的写法来写一处你喜欢的景物。下节课我们就来练习抓住景物的特点写一段话。

## 【板书设计】

白色绒帽

条条玉带

千姿百态　茫茫大海

庐山的云雾　巨大天幕　　流连忘返

刚刚还是……转眼间……

瞬息万变

明明是……还没……

附：

### 《庐山的云雾》学习单

一、请你画一画云雾的几种姿态。

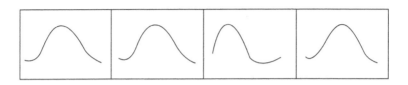

二、小练笔。

高陂山上的云雾真是千姿百态。日出时，那些笼罩在山头的云雾像是_____。那些缠绕在半山的云雾又像是_____。云雾弥漫山谷时，它像_____；云雾遮挡山峰时，它又像_____。

（词语超市：棉花糖、羽毛、鱼鳞、羊群、大棉被、蝴蝶结、小白兔、围巾、彩鞋、害羞的小姑娘、快乐的小鸟、冰山、小白马、洁白的玉盘、城堡……）

三、云雾的变化：

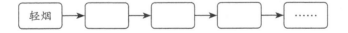